LA VIDA EN EL PASADO

La antigua Grecia

por Tea Benduhn

Consultora de lectura: Susan Nations, M.Ed., autora/tutora de alfabetización/consultora de desarrollo de la l...

Gareth Stevens PUBLISHING

Please visit our website, www.garethstevens.com. For a free color catalog of all our high-quality books, call toll free 1-800-542-2595 or fax 1-877-542-2596.

Library of Congress Cataloging-in-Publication Data

Benduhn, Tea.
[Ancient Greece. Spanish]
La antigua Grecia / Tea Benduhn
p. cm. – (La vida en el pasado)
Includes bibliographical references and index.
ISBN-13: 978-0-8368-8033-5 (lib. bdg.)
ISBN-13: 978-0-8368-8038-0 (softcover)
1. Greece—Civilization—To 146 B.C.—Juvenile literature.
2. Greece—Social life and customs—Juvenile literature. I. Title.
DF78.B3918 2007
938—dc22 2006037315

This edition first published in 2007 by
Gareth Stevens Publishing
111 East 14th Street, Suite 349
New York, NY 10003

Managing editor: Valerie J. Weber
Art direction: Tammy West
Cover design, page layout, and illustrations: Dave Kowalski
Picture research: Diane Laska-Swanke
Spanish translation: Tatiana Acosta and Guillermo Gutiérrez

Picture credits: Cover, title, © Roger Wood/CORBIS; pp. 4, 7, 10, 13, 17, 18 © The Granger Collection, New York; pp. 5, 11 Dave Kowalski/© Weekly Reader Early Learning Library; p. 6 © North Wind Picture Archives; pp. 8, 16 © Bettmann/CORBIS; pp. 9, 15 © C. M. Dixon/Ancient Art & Architecture Collection; p. 12 © G. Tortoli/Ancient Art & Architecture Collection; pp. 14, 19, 20 © Ronald Sheridan/Ancient Art & Architecture Collection; p. 21 © Blue Lantern Studio/CORBIS

Printed in the United States of America

1 2 3 4 5 6 7 8 9 10 10 09 08 07 06

CONTENIDO

Cubierta y portada: *La Acrópolis era el centro de las actividades de los habitantes de Atenas en la antigua Grecia.*

CAPÍTULO 1

¿Quiénes eran los antiguos griegos?

¿Has oído la historia del niño que gritaba que venía el lobo? ¿Y la historia de la tortuga que ganaba una carrera a la liebre? Entonces ya sabes algo de los antiguos griegos. Un escritor griego llamado Esopo escribió esas fábulas.

Esopo contó muchas historias de animales y personas durante su vida, entre el 620 y el 650 a. de C.

Los antiguos griegos vivieron hace unos tres mil años en una región del mar Mediterráneo. La antigua Grecia tenía muchas islas pequeñas. El suelo era demasiado rocoso para obtener buenos cultivos, y la mayoría de sus habitantes se alimentaban de la pesca.

La parte continental de la antigua Grecia hacía frontera con el sur de Europa. Muchos griegos vivían también en islas de los mares Jónico y Egeo.

El edificio principal de la Acrópolis, el Partenón, era el centro del gobierno griego en Atenas.

Todos los habitantes de la antigua Grecia hablaban la misma lengua. También adoraban a los mismos dioses. Sin embargo, no todos tenían los mismos gobernantes. La antigua Grecia estaba formada por muchas **ciudades-estado** *diferentes. Cada ciudad-estado tenía un gobierno propio.*

Ella es más consciente de su entorno y tiene más de qué hablar. Por eso muchos buenos momentos en las relaciones suceden alrededor de una mesa.[5] ¡La abuela tenía razón! El camino al corazón de un hombre es a través de su estómago. (Este estudio te resultará útil si le chocas el auto a tu esposo. Prepárale su comida favorita y luego coméntale lo que pasó).

Si aprovechamos la manera en la que Dios nos diseñó y aceptamos las diferencias entre hombres y mujeres, podemos aumentar el nivel de energía en nuestra relación. Si luchamos contra la naturaleza, nuestro cónyuge podría sentir que estamos luchando contra él/ella, y eso le hará perder energía. Deléitate y disfruta de las diferencias propias de cada uno para mantener elevada la motivación y la energía en tu matrimonio.

La esencia del asunto

Paso 4: Desarrolla una relación de gracia. Recuerda que el objetivo es crear una relación donde puedan sentirse seguros y exitosos, y donde puedan caminar sobre una línea de confianza. El problema es que todos somos imperfectos. Como hombres, nunca haremos todo bien, de modo que nuestro sentido del éxito es fácilmente puesto a prueba. Como mujeres, generalmente, nos quedamos cortas en nuestras intenciones, de modo que nuestro sentido de la seguridad con aquellos que más amamos es difícil de mantener.

Si aprovechamos la manera en la que Dios nos diseñó y aceptamos las diferencias entre hombres y mujeres, podemos aumentar el nivel de energía en nuestra relación.

Es necesario que encuentren una manera de encauzar lo mejor de ustedes que contribuya a la edificación del matrimonio, y que sepan cómo dominar aquello de ustedes que tiende a estorbar la relación.

Aspectos de una relación íntima

La atmósfera que caracteriza un matrimonio exitoso se describe en Filipenses 1:7, donde Pablo le dice a la iglesia de Filipos: "Es justo que yo piense así de todos ustedes porque los llevo en el corazón; pues, ya

5. Kristin Cobb, "His-and-Her Hunger Pangs: Gender Affects the Brain's Response to Food", *Science News*, 6 de julio de 2002.

sea que me encuentre preso o defendiendo y confirmando el evangelio, todos ustedes participan conmigo de la gracia que Dios me ha dado". De este pasaje, se desprenden tres aspectos importantes de una relación íntima.

El objetivo

El objetivo de la intimidad es llevarse uno al otro en el corazón. Hay una conexión especial que es posible entre dos personas. Cuando logran tener esa conexión, toda la vida funciona mejor. Hay armonía, expectativa y la sensación de que es fácil estar con el otro. Cada uno de ustedes le da al otro el beneficio de la duda, porque ya se llevan uno a otro en el corazón. Cuando se interrumpe esa conexión, los cónyuges empiezan a juzgarse basados en el comportamiento. "No hiciste esto. Hiciste aquello", se convierten en las frases más frecuentes en las conversaciones de la pareja. Dado que el comportamiento de ambos es contradictorio, la relación sufre mucho cuando está basada en el comportamiento. Y pierde su satisfacción cuando la vida se convierte en una serie de tareas compartidas, en vez de en la búsqueda mutua del corazón del otro.

Pam y yo hemos experimentado numerosas veces ambos lados de esta situación. La primera vez que tomamos consciencia del poder de las palabras "te llevo en mi corazón", fue durante el segundo año de nuestro matrimonio. Yo (Bill) había decidido volver a la universidad para terminar mis estudios. Poco después de tomar esa decisión, se nos rompió el automóvil. Trabajaba en casa, así que podía "arreglármelas" sin el automóvil y estaba dispuesto a ir a la universidad en bicicleta, pero me sentía mal de pedirle a Pam que fuera a trabajar en bicicleta. Me parecía incluso injusto pedírselo, y me hubiera sentido un fracaso como esposo.

En un paso valeroso, Pam me dijo: "Confío en ti, Bill, porque te llevo en el corazón. Le encontraremos una salida a esto".

Fue maravilloso escuchar esas palabras. Aumentó mi motivación para terminar los estudios con buenas calificaciones y poder ser un buen proveedor y me dio renovadas energías. Pam pudo haberme criticado fácilmente por la carencia financiera, pero en cambio, decidió llevarme en su corazón. Por consiguiente, pude terminar mi licenciatura y mi maestría, y ayudar a Pam a obtener su título universitario.

El elemento cohesivo

El elemento cohesivo de esta conexión es una sociedad de gracia. Pablo era bien consciente de sus defectos. Antes de su espectacular conversión en el camino a Damasco, tenía el firme propósito de arrestar a seguidores de Cristo y hacer todo lo que pudiera para terminar con la Iglesia. Después encontró el verdadero amor de su vida. Se enamoró de Aquel que había estado tratando de destruir. En consecuencia, vivió con la profunda comprensión del inmenso perdón de Dios y de que había recibido el regalo que menos merecía.

Las relaciones prosperan mejor bajo la gracia. No hay dudas de que cometerás errores. Y tampoco hay dudas de que tu cónyuge cometerá errores. No necesitas mucho para darte cuenta de que no puedes comportarte suficientemente bien, por suficiente tiempo para ganarte el amor de tu cónyuge. Es probable que hayas hecho algunas cosas excelentes para tu cónyuge, pero al mismo tiempo has dicho y hecho cosas que no deberían ser parte de una relación de amor. Estos errores tienen el potencial de cortar la conexión emocional entre ustedes. Al mismo tiempo, los errores de cada uno generan una oportunidad para la gracia. El resultado de la gracia es la convicción de que la relación está segura.

Es un problema cuando cada uno se sale del corazón del otro. Vimos esto claramente una tarde cuando yo (Bill) estaba conduciendo un servicio de bautismo en la playa; lo cual significa que aquella tarde éramos los "líderes espirituales" del grupo. Pam tenía que predicar en una actividad al día siguiente, de modo que tenía planeado regresar temprano a casa.

Habíamos terminado el bautismo y compartido una parrillada. Nuestros tres hijos agarraron sus tablas de surf y preguntaron si podían ir al agua. Les dije que sí y me metí al agua hasta la rodilla para vigilarlos. Pam vino para hacerme compañía. Estábamos teniendo una buena conversación cuando de pronto dijo:

—Bill, tenemos que sacar a los niños del agua porque me tengo que ir.

Estaba confundido, porque solo Pam tenía que irse. Yo ya me había hecho cargo de los niños en varias ocasiones. ¿Acaso Pam no confiaba en mí? ¿Había hecho algo mal y no me había dado cuenta? En un instante, me precipité y empecé a moverme "debajo de la línea" en nuestra relación.

—Puedes irte cuando quieras, Pam —le dije.

—Lo sé, pero tenemos que sacar a los niños del agua primero.

—¿Por qué tenemos que sacar a los niños del agua?

—Porque me tengo que ir.

—Sí, pero yo no.

—Bueno, pero yo sí y te conozco. Te vas a distraer. Las personas van a querer hablar contigo y es probable que los niños terminen flotando hasta Hawái.

—¿Cómo llegó Hawái a esta discusión? —le dije bruscamente alzando el tono de mi voz.

—Sé que sueles distraerte y estoy tratando de proteger a los niños.

Miré a Pam y le dije:

—A ver si te entendí bien. Confiaste en mí cuando me llevé a los niños a México sin ti, pero no crees que pueda vigilarlos en una playa que está cerca de nuestra casa. ¿Eso es lo que me estás diciendo?

Era un momento extraño para nosotros. Pam sentía que no podía confiar en mí, y yo no podía creer que había perdido la gracia con ella tan rápidamente. Me pareció volver a estar con mi mamá, que le tenía miedo a casi todo y no confiaba en nadie. Pam me había juzgado mal, y yo había concluido que ella había sido incoherente. Esto era extraño para nosotros porque estábamos acostumbrados a darnos mutuamente el beneficio de la duda. Sin embargo, aquella tarde lo único que teníamos eran dudas.

Pam me miró a los ojos, y el semblante de su rostro se ablandó.

—¡Qué mal! Probablemente me parezco a tu mamá en este momento, ¿no?

—Tú lo has dicho, Pam, no yo.

—Te pido perdón, Bill. Nuestras cargas del pasado chocaron. Desde niña he luchado para poder confiar en mi padre alcohólico y he transferido eso a ti. Tú has luchado para poder confiar en tu madre temerosa, y me doy cuenta de que eso ha desencadenado tu reacción. Me voy a casa y te confío a los niños. Te veré luego.

Hemos podido hacer eso porque perdonamos a nuestros padres, y nos hemos comprometido firmemente a perdonarnos uno a otro cada vez que fuera necesario.[6] Con la misma rapidez con la que nos habíamos salido del

6. Para detalles sobre cómo atravesamos el proceso del perdón, ver nuestro libro *Love, Honor and Forgive* (Downers Grove, IL: InterVarsity Press, 2000).

corazón del otro, volvimos a entrar. La diferencia era sorprendente. Debajo de la línea, había falta de confianza y pensamientos extraños sobre lo que el otro podía hacer. Empezamos a evaluar rápidamente las motivaciones del otro y sacamos conclusiones negativas uno del otro. Cuando empezamos a caminar sobre la línea, todo se calmó. Reapareció la atracción mutua, y la confrontación empezó casi instantáneamente a ser graciosa.

El crecimiento

Una vez que se forma una sociedad de gracia, se puede establecer una sociedad de propósito. El propósito de Pablo era "la defensa y proclamación del evangelio". La iglesia de Filipos tenía un interés especial en este propósito debido a su relación personal con Pablo. Lo mismo puede suceder en el matrimonio. Cuando los cónyuges establecen una relación basada en la gracia, desatan el poder en sus vidas. Son libres de pensar, sentir y soñar. Están internamente motivados a animarse uno a otro porque valoran mucho la relación. Las ideas pueden fluir libremente porque la crítica es poco común. Pueden arriesgarse porque hay mucha confianza. Estos son todos elementos del éxito y, naturalmente, producen matrimonios que han descubierto la gracia y el propósito.

Nosotros empezamos a descubrir nuestro propósito como pareja durante los primeros cuatro años de nuestro matrimonio. Ya han visto que crecimos en hogares difíciles, de modo que cuando nos casamos, sabíamos dos cosas: (1) Nos amábamos y (2) no sabíamos realmente lo que estábamos haciendo. En la desesperación, buscamos lo que considerábamos consejos sabios.

Íbamos a la iglesia cada fin de semana y nos quedábamos parados en la parte de atrás hasta que empezaba el servicio. Mientras estábamos allí, observábamos a la audiencia con el fin de encontrar parejas que hacía tiempo que estaban casadas y que se seguían amando. Considerábamos que las parejas de cónyuges que estaban tomados de la mano, recostados uno en el otro o que uno pasaba su brazo sobre los hombros del otro eran buenos candidatos. Entonces nos sentábamos detrás de esa pareja para intercambiar palabras con ellos en el momento de los saludos.

> Cuando los cónyuges establecen una relación basada en la gracia, desatan el poder en sus vidas.

Yo (Bill) les preguntaba:

—Parece que todavía siguen enamorados. ¿Verdad?

Cada una de estas parejas respondía lo mismo. Se reían un poco, se miraban y decían:

—Sí, la verdad es que seguimos enamorados.

Después les preguntaba:

—¿Cómo hicieron? ¿Cómo lograron seguir enamorados después de estar juntos tantos años?

Las parejas no tenían tiempo para responder nuestras preguntas en el momento del saludo, así que casi siempre nos invitaban a almorzar. En el almuerzo, les hacíamos preguntas y los escuchábamos mientras contaban la historia de su vida como pareja. Algunos de los mejores consejos que hemos recibido son producto de esos almuerzos informales con parejas reales que nos contaban sus experiencias reales. Por ejemplo:

- Eliminen el sarcasmo de su matrimonio.
- Ríanse juntos todos los días.
- Hagan de su cónyuge el mejor amigo/a.
- Nunca dejes de tratar a tu esposa como tu novia.
- Nunca dejes de coquetear con tu esposo.
- Llama a tu cónyuge desde el trabajo solo para decirle "te amo".
- Sigan siendo novios.
- Lo mejor que pueden darles a sus hijos es un matrimonio feliz y seguro.

Nunca pensamos que esos almuerzos, producto de nuestra curiosidad, se convertirían en un ministerio para parejas y padres. Solo estábamos seguros de que necesitábamos saber cómo tener un matrimonio exitoso. A menudo les decimos a esas parejas: "La influencia positiva que hemos tenido en otros matrimonios ha sido posible porque ustedes invitaron a una joven pareja a almorzar".

Momento decodificador: Esta pregunta es para que ambos respondan: Hasta aquí, ¿qué consejo sobre el matrimonio recibido de una persona mayor o más sabia han comprobado que es verdad?

El misterio del crecimiento

Para establecer una atmósfera de gracia es importante notar que el crecimiento en nuestra vida es complicado. Algunas áreas cambian rápidamente. Es apasionante hablar de estas áreas y gratificante trabajar en ellas, porque los resultados son palpables y rápidos. En otras áreas de nuestra vida, tenemos características de crecimiento lento. Los cambios suceden de a poco, no importa cuánto enfoque y esfuerzo pongamos. Estas áreas necesitan especialmente de la gracia a fin de crear una atmósfera segura en tu relación.

¿Qué áreas de tu vida son de lento crecimiento, para las cuales esperas que tu cónyuge tenga gracia contigo?

Ejemplo: Siempre me (Bill) ha costado llegar a casa a tiempo. Suelo quedarme hablando con la gente y perder noción del tiempo. He tratado de planificar mi agenda, revisar mis horarios la noche anterior y programar recordatorios en mi computadora y mi teléfono celular. Nada de eso me ha ayudado. Gracias a Dios, Pam ha sido muy paciente conmigo en mi esfuerzo por mejorar.

Ejemplo: Yo (Pam) soy una mujer determinada que le gusta ir al frente en la vida —soñar, planificar, organizar—, pero no me apasiona tanto la cara posterior de la vida: completar y hacer el balance de la chequera, los recibos y las facturas. Bill ha tenido mucha gracia conmigo en esta área y ha tomado algunas medidas prácticas para evitar la irritación debido a mi lento crecimiento. Un ejemplo simple es que suelo olvidarme de registrar los cheques, de modo que lo resolvió al ordenar cheques duplicados, con los cuales al escribir un cheque queda registrado automáticamente una copia. ¡Él no tiene que insistirme o enojarse si me olvido, y yo ya no tengo que preocuparme por recordarlo!

¿Qué áreas de la vida de tu cónyuge son áreas de lento crecimiento y necesitan de tu gracia a fin de crear un entorno seguro para la relación?

Ejemplo: Pam es apasionada con su profesión y le cuesta mucho "ver qué deja atrás". Ella tiende a dejar las luces encendidas, se olvida de sacar la ropa de la lavadora, periódicamente se queda sin gasolina y extravía sus pertenencias. Es una mujer con la que resulta apasionante vivir, siempre y cuando considere esto como una característica menor.

Ejemplo: Bill es un hombre sumamente productivo a quien le encanta tomar café. Encuentro tazas de café por todos lados: en el garaje, el automóvil, la oficina. Un día, observé que en nuestra alacena quedaban muy pocas tazas para café, así que tomé una caja y recorrí todas las habitaciones de nuestra casa, el garaje, los automóviles y su oficina. Y encontré diecisiete tazas que Bill intentaba llevar a la cocina, pero que todavía no habían llegado. En vez de enojarme, decidí verlo como el lado cómico de su vida hiperactiva.

La clase de esfuerzo correcto

Sin lugar a dudas, el matrimonio requiere de esfuerzo, pero no es lo único. La cantidad de esfuerzo que pones en tu matrimonio no es la clave para tener un buen matrimonio. La cantidad de esfuerzo no es tan importante como la clase de esfuerzo que hagas. Considera lo siguiente:

- Si tu automóvil necesita aceite, no importa cuánto esfuerzo pongas en lavarlo, pulirlo y cuidar los detalles externos. El motor seguirá necesitando aceite.
- Si la cañería de tu casa está tapada, no importa cuánto esfuerzo pongas en limpiar las ventanas y cortar el césped. La cañería sigue tapada, y debes destaparla.
- Si tu cabello necesita un nuevo corte, no importa cuánto tiempo pases reorganizando tu guardarropas. Seguirás necesitando un nuevo corte de cabello.

Creo que entiendes el concepto. Cuánto más estratégica sea tu actividad, más efectivos serán los resultados. Por otra parte, cuánto más despreocupada sea tu actividad, más frustrantes serán tus esfuerzos. El propósito de este libro es ayudarles a ser más estratégicos a la hora de trabajar en su matrimonio. Esperamos ayudarles a evitar distracciones, enfocarse en sus esfuerzos y descubrir el código que desata el potencial en la relación.

ABRE EL CANDADO DE TU AMOR

Cena y diálogo para una comunicación de corazón a corazón

Elige una característica basada en el sexo de tu cónyuge y halágalo/a todos los días durante una semana. Puedes expresar los elogios verbalmente, a través de un correo electrónico, un mensaje de voz, una nota escrita o mensajes de texto. La clave es hacerlo cada día.

Asigna deliberadamente una característica de la vida de tu cónyuge a la categoría de "crecimiento lento". Decide que esa área de su vida cambiará lentamente con el paso del tiempo, como muchas áreas de tu vida que han sido angustiosamente lentas en su desarrollo. Eres consciente de estas áreas de tu vida, porque vives con ellas todos los días. Has orado por ellas, y no se desarrollan al ritmo que te gustarían. Has tratado de disciplinar tu vida en estas áreas y, finalmente, has concluido que podrían crecer, pero que es probable que tomen el resto de tu vida.

> La cantidad de esfuerzo no es tan importante como la clase de esfuerzo que hagas.

Es fácil querer más de tu cónyuge. Dado que no tienes control sobre su crecimiento y desarrollo, es tentador presionarlo/a para que mejore. Puedes extenderte en paciencia cuando dejas que esa área crezca al ritmo que pueda hacerlo. Si tomas esta decisión, no podrás quejarte o hacer sugerencias no solicitadas al respecto.

Cada uno de ustedes decide en qué área tendrá gracia y permitirá el crecimiento al ritmo que Dios quiera. No le digas a tu cónyuge qué área has seleccionado; sino solo comienza a extenderle gracia y a orar para poder ver a tu cónyuge con los ojos de Dios. Cuando le hagas ese "regalo no identificado", espera ver resultados positivos en tu matrimonio en el tiempo de Dios, no en el tuyo.

3

El afecto

"El fruto del Espíritu es... bondad...".

Uno de los elementos esenciales en un matrimonio seguro y exitoso es el afecto. Estábamos cenando con una pareja en el Hospital Walter Reed de Washington, DC. El esposo, que formaba parte de la brigada de soldados heridos en la guerra de Irak, nos contaba que había caminado muchos kilómetros con su mochila a cuestas, aunque tenía la clavícula rota, los hombros dislocados, una herida en la espalda y un tobillo fracturado. Nosotros, por su puesto, nos maravillamos de los sufrimientos y la determinación de ese hombre, pero lo que dijo después probablemente fue el mejor momento de su vida.

"Podía tener algunos huesos rotos y algunas articulaciones fuera de lugar, pero nada iba a impedirme regresar a mi casa con mi esposa y mis hijos. Ellos son las personas que más amo en la tierra, y mi esposa es lo mejor que me pudo haber pasado en la vida. El enemigo trató de quebrar mi cuerpo, pero yo determiné que no quebraría mi voluntad. Estaba regresando a casa con mi esposa y mi familia".

Su esposa se arrimó a él con los ojos llenos de lágrimas y tomó su mano, luego nos miró y nos dijo: "Nunca lo había escuchado decir esto y necesitaba escuchar estas palabras".

Hemos sido creados para responder al afecto. Nos hace sentir más fuertes, más seguros y halagados. Puede calmar nuestro corazón en una crisis y prepararnos para enfrentar los retos que tenemos por delante. Una de las razones por las que te casaste es porque encontraste a alguien que te hacía sentir mejor. Todo buen matrimonio, donde puedes confiar en que tendrás seguridad y éxito, se caracteriza por el afecto mutuo. Los cónyuges se desviven por halagarse uno a otro y buscan la manera de animarse.

La forma de cultivar el afecto en el matrimonio es mediante un tierno contacto físico, cuando cada cónyuge se enfoca en la capacidad singular del otro y cuando ambos colman su relación con palabras tiernas.

UN TIERNO CONTACTO FÍSICO

Todos hemos sido creados para tener contacto físico unos con otros. Esto comienza desde que somos niños. Los bebés que se sostienen tiernamente en brazos por mucho tiempo son más sanos en todos los aspectos. Su sistema inmunológico funciona mejor, su ritmo cardíaco y presión sanguínea son más bajos, su sistema digestivo funciona mejor, y están emocionalmente más equilibrados.[7]

Las cosas no cambian solo porque somos mayores. Como adultos, nos seguimos beneficiando de un tierno contacto físico. Al igual que los niños, aquellos que tienen una sana interacción física con otros están física, emocional y socialmente mejor equilibrados. Las parejas casadas tienden a estar en constante contacto físico al principio de la relación. A medida que esta madura y las responsabilidades aumentan, el contacto físico tiende a disminuir. Esta tendencia debería resistirse.

Recuerdo (Pam) cuando tomé consciencia del poder del contacto físico en nuestro matrimonio. Siempre he luchado con el temor al fracaso. Mi papá raras veces se sentía complacido con el desempeño de los demás, de modo que, desde los primeros años de mi vida, aprendí a analizar doblemente mis acciones. Cada vez que tengo muchas cosas que hacer y no doy abasto con todo, me pongo insistente, pesada y melodramática. Antes solía tener una actitud tremendista y exagerada. Me enojaba con las personas que no venían a rescatarme. Percibía su falta de acción como una falta de respeto. Y para colmo, no manifestaba verbalmente mi temor o mi necesidad de ayuda, sino que simplemente esperaba que aquellos que me amaban leyeran mi mente por arte de magia ¡y supieran que necesitaba que vinieran y me sacaran de apuros!

Un día estaba vociferando y despotricando en la cocina, mientras les

7. Thomas Crook, *The Natural Love Drug, WebMD feature from Prevention*, en línea, http://www.webmd.com/sex-relationships/features/the-natural-love-drug.

daba órdenes a Bill y a los niños, cuando Dios retiró la cortina de mi corazón para que Bill pudiera ver directamente mi alma. Bill se acercó a mí, me abrazó y me susurró: "Pam, ¿de qué tienes miedo?". Traté de soltar mis brazos para poder expresar histéricamente mis emociones reprimidas, pero Bill no me dejó. "Cariño —me volvió a susurrar—, ¿de qué tienes miedo?".

Y brotó una larga lista de temores.

Me siguió abrazando, conteniendo mis brazos, mi corazón y mi alma. No fue el tipo de abrazo forzoso, como si me estuviera demandando algo. Fue un abrazo firme que me decía que estábamos juntos en eso. Luego me siguió susurrando al oído: "Pam, te amo. Siempre te amaré. Soy tu mayor admirador. Estoy contigo. Los niños y yo estamos contigo. Dios está contigo. Todos queremos que te vaya bien. Somos un equipo. Dinos qué podemos hacer para que te sientas como la mujer exitosa que eres".

Me derretí en sus brazos y hundí mi rostro en su pecho. Parecía que me hubieran quitado el peso del mundo que tenía sobre mis hombros. Supe que había superado una gran barrera no solo emocional, sino también espiritual. No tenía que creer la mentira que me decía: "No eres suficientemente buena". Sabía que Dios me había confirmado que era "suficientemente buena". A los ocho años de edad había comenzado una relación personal con el Dios del Universo, que me llamaba hija escogida. Intelectualmente, sabía que era suficientemente buena para ir al cielo gracias al sacrificio del amor de Dios por mí. Pero allí en mi cocina, después de ese momento especial en el que me había derretido, realmente *sentí* que era suficientemente buena. Fue el amor incondicional de Dios enviado a través de Bill lo que rompió la cadena de esclavitud de mi pasado.

Mi temor al fracaso podría haber arruinado cada una de mis relaciones, porque me hace ser muy dura conmigo misma. Tiendo a proyectar la misma presión en otros al hacer demandas que a veces son poco realistas. Claro está que Satanás todavía trata de hacerme caer en la misma mentira antigua: "No eres capaz. Eres un fracaso. No eres suficientemente buena". Pero ahora lo combato mejor. Cuando me doy cuenta de que se está levantando el temor, me paro firme en Cristo y declaro: "¡Pero lo soy! Así que déjame tranquila y deja en paz nuestro amor. Sal de aquí, temor. ¡Fuera de aquí!". Y el temor huye, porque el temor no funciona bien donde florece el amor.

Hombre, es importante que tengas en cuenta que el contacto físico es seductor para tu esposa, porque la hace sentirse segura contigo. Si tú eres tierno y tranquilizador cuando sostienes su mano, le das un abrazo o se acurrucan en el sillón, ella le dará gran valor a esa parte de la relación. Por el otro lado, si ella concluye que estás tratando de obtener algo de ella o que solo estás tratando de evitar cualquier problema con ella, se sentirá manipulada y concluirá que no está segura a la hora de tener intimidad física contigo. Todo se trata de que se sienta segura en su relación contigo.

Sé (Bill) que a los hombres también nos gusta el contacto físico. Secretamente, esperamos que las mujeres nunca descubran cuánto poder tienen en nuestra vida cuando nos aman en una relación física. Todo empieza con la seducción. Cuando una mujer toca a su esposo de manera seductora, las cosas cambian inmediatamente en su corazón. Él se siente fuerte, más capaz y más hombre. Su motivación crece, y su interés en la relación crece.

Todavía me sorprende, después de tres décadas de casados, cuán poderoso sigue siendo el contacto físico en nuestra relación. Cuando Pam pasa a mi lado y me toca de un modo tierno, instantáneamente me distrae de la mejor manera. Pienso: *¡Vaya, qué mujer! Soy afortunado de haberme casado con ella. Soy un hombre más fuerte porque ella está en mi vida… ¡y es muy bonita!*

Sucede tan rápido que a veces pienso que debo ser increíblemente superficial en responder así. Su influencia en este aspecto es tan intensa que funciona incluso cuando estoy enojado con ella. Si las cosas están tensas en nuestra relación y ella me toca seductoramente, las palabras podrán ser un poco diferentes, pero la reacción es la misma: *¡Mi madre! Allí viene otra vez. Me encanta cuando me toca así, pero ¿por qué ahora? Debe querer algo de mí. Vamos, Bill. No seas ridículo. Ella es una mujer maravillosa y, simplemente, no sabe qué hacer contigo en este momento. Está tratando de acercarse a ti. ¡Déjate llevar!*

Como hombres, a menudo se nos acusa de tocar a nuestra esposa solo cuando queremos tener sexo con ella. La mayoría de los hombres es más razonable y sabe que un contacto físico constante en la relación va más allá de la relación sexual. Como hombre, tengo que admitir que siempre está presente el pensamiento de que esto podría derivar en un encuentro sexual. Después de todo, ¿por qué no? Si ella está interesada, ¿por qué yo no lo estaría? Pero sé que las necesidades en nuestro matrimonio son más complejas que esto. Pam necesita que yo la abrace y saber que estoy interesado en ella íntegramente como persona. Yo necesito que ella me abrace y saber que está interesada en quién soy yo.

La verdadera razón por la que los hombres dejan de tocar a sus esposas es por las críticas que reciben. Recuerda que un hombre se motiva por el éxito en su matrimonio. Si él siente que su esposa acepta sus estímulos físicos, se motivará y lo seguirá haciendo. Si ella lo critica cada vez que se acerca a ella, finalmente él lo dejará de hacer.

Momento decodificador: Completen ambos las frases siguientes y conversen al respecto.

Cuando me tocas, siento como si pudiera...

Lo que más me gusta cuando me tocas es...

CONCÉNTRATE EN LA CAPACIDAD SINGULAR

Eres una persona increíblemente talentosa, que vive con otra persona increíblemente talentosa. Cada uno de ustedes ha sido creado con al menos una capacidad singular que les da un potencial considerable. Esta capacidad singular es fuerte y necesita ser expresada. Por consiguiente, es increíble así como inoportuna. Cuando te concentras en ella y la expresas con humildad, suma mucho a tu vida. Cuando eres indisciplinado y la expresas con egoísmo, es molesta e incluso puede ser nociva.

Como tu capacidad singular es el centro de quién tú eres, no tienes más opción que desarrollar tu vida en torno a ella. Cuando ejerces tu capacidad singular, te sientes más tú mismo. Por consiguiente, te sientes atraído a las personas que aprecian tu contribución única a la vida.

Parte de tu misión es identificar la capacidad singular de tu cónyuge y elogiarla tantas veces como te sea posible. Estos elogios crearán un fundamento de confianza y seguridad en tu cónyuge. Si tienes hijos, elogiar su capacidad singular ejercerá el mismo tipo de influencia en ellos. Todos tendrán más confianza y serán más positivos y productivos.

Hombre, lo que tu esposa desea más que nada en el mundo es sentirse valorada. Quiere saber que es importante y que lo que hace para otros es valorado. Ella desarrolla un fuerte vínculo con las personas importantes de su vida y quiere sentir constantemente que sus consejos, sus esfuerzos y su inversión en ellos contribuyen a mejorar sus vidas. Cuando oye que sus seres amados dicen que ella significa mucho para ellos, la mujer camina sobre la línea de la seguridad.

Eres una persona increíblemente talentosa, que vive con otra persona increíblemente talentosa.

Momento decodificador para el hombre: Piensa en la manera de decirle a tu esposa que significa mucho para ti y que tu vida (o la familia, la comunidad, la iglesia, el mundo) es mejor gracias a ella.

Mujer, lo que tu esposo quiere sentir más que nada en el mundo es que tú crees en él. Tiene una profunda carga por la familia, aunque no lo exprese muy bien. Quiere amarte y suplir las necesidades familiares, aunque es muy consciente de sus defectos. Sabe que no debería dejar que su ego se apodere de él, pero se avergüenza y se frustra fácilmente cuando las cosas no salen bien. En consecuencia, anhela tener a alguien en su vida que lo ame y crea en él. Su confianza crece enormemente cuando su esposa se siente atraída a él y lo elogia.

Momento decodificador para la mujer: Piensa en la manera de decirle a tu esposo que crees en él (sus talentos, sus dones, sus fortalezas, su amor, su responsabilidad, su carácter).

Talentos admirables

Puesto que Dios es un creador admirable, tú eres "una creación admirable" (Sal. 139:14). Eres un reflejo de la imagen de Dios (Gn. 1:27). Por consiguiente, posees habilidades y talentos naturales. Asimismo, el Espíritu de Dios reparte dones a todos los que han confiado en Cristo como el Salvador (1 Co. 12). El resultado de todo esto es que eres competente en algunas áreas de la vida, mientras tienes dificultades en otras.

La idea de la capacidad singular es fácil de conceptualizar, pero difícil de llevar a la práctica. El concepto es que has sido creado con talentos naturales que funcionan realmente bien. Cuando los ejerces, eres una persona capaz y segura. Disfrutas cuando funcionas en tu capacidad singular y eres sumamente hábil cuando practicas tus talentos. Lo mismo se aplica a los dones espirituales. Puesto que Dios reparte dones y el Espíritu Santo los faculta, son efectivos cuando ayudan a otros a ser más fuertes y centrados. Cuando tus dones espirituales están en acción, fluye la sabiduría, y las tareas asociadas a estos parecen fáciles. Sin embargo, los pensamientos no te dicen cómo descubrir tu capacidad singular o cómo llevarla a la práctica en la vida real.

Busca las pistas de tu singularidad

Tu capacidad singular crea un tesoro en ti designado a marcar la diferencia en tu vida. El problema es que el tesoro está escondido. A veces sentimos como si necesitáramos nuestro propio Indiana Jones, que pueda interpretar las pistas grabadas en jeroglíficos. Otras veces desearíamos tener un mapa, como en la película *La leyenda del tesoro perdido*, donde en el reverso de la Declaración de la Independencia había un mapa oculto. Aunque puede que no tengamos un profesor de historia antigua a nuestra disposición, tenemos un mapa codificado que nos conduce a nuestro tesoro. El Espíritu de Dios dibujó ese mapa en nuestro corazón. Solo necesitamos seguir sus instrucciones para descubrir el tesoro.

Tu capacidad singular crea un tesoro en ti designado a marcar la diferencia en tu vida.

Cuando eras niño, tenías consciencia de que había algo en ti que anhelaba ser expresado. Era tan fuerte que buscabas la manera de manifestarlo; pero no estaba desarrollado, y muchas veces no te sentías a gusto con él. El mundo era cruel, de modo que eras víctima de críticas y burlas mientras tratabas de descubrir quién eras y cómo debías influenciar al mundo. Algunos enfrentaron el reto con "piel de elefante" e ignoraron la mayoría de las críticas. Han crecido en confianza y superaron con tenacidad las barreras de su desarrollo. Otros fueron mucho más sensibles al ridículo. Se sentían apabullados como un niño, y todavía siguen luchando por encontrar su lugar. Tienen miedo de explorar nuevas posibilidades, porque la crítica sigue latente en su alma. Simplemente prefieren hacer aquello con lo que se sienten a gusto, porque es seguro, aunque sea aburrido.

El primer paso para expresar tu capacidad singular es identificar cuál es, lo cual es un reto, puesto que debes superar una gran barrera para descubrir qué haces mejor. Esta *barrera es la creatividad ilimitada de nuestro creador*. Se ha establecido que nunca ha habido nadie exactamente igual a ti. Todos tenemos huellas digitales, impresión vocal y ADN únicos. Lo mismo sucede con las capacidades singulares. Nunca ha habido nadie con el mismo conjunto de sabiduría, talentos e intuición que posees por naturaleza. Por lo tanto, no hay una lista de capacidades singulares de la cual puedas elegir para identificar qué hacer mejor. Por el contrario, gradualmente irás descubriendo tanto tus talentos como tu propósito. Aunque no haya una lista de talentos singulares, hay categorías en las cuales operan. Tu capacidad singular es una combinación de características de cada una de las siguientes categorías.

Categoría 1: Aptitud física

Eres un ser físico compuesto de huesos, músculos, tejido conjuntivo y nervios. Las actividades de tu cuerpo están coordinadas por tu cerebro, la computadora más sofisticada del mundo. El cerebro constantemente envía impulsos al resto del cuerpo ordenando movimientos tanto voluntarios como involuntarios. Cuando tu mente ordena tus movimientos, descubres que eres realmente bueno para algunas cosas, mientras eres "torpe" para otras.

Algunos son excelentes para hacer cosas según la tendencia de "hazlo tú mismo", muy en boga actualmente. Les gusta hacer y reparar cosas. Incluso se sorprenden de su capacidad de encontrar soluciones únicas a problemas físicos. Otros deberían evitar las reparaciones del hogar a toda costa, porque empeoran las cosas cada vez que agarran una herramienta. Cada intento de ahorrar dinero por hacerlo ellos mismos al final les cuesta más, porque tienen que contratar a alguien que arregle lo que ellos arruinaron.

Algunos son excelentes para hacer cosas según la tendencia de "hazlo tú mismo", muy en boga actualmente.

Algunos son naturalmente talentosos para las habilidades motoras finas. Puede que seas un artesano o un especialista con destreza para la costura, el tejido, los acolchados o las manualidades. Puede que seas un profesional con buena mano para la cirugía o la producción de equipos electrónicos sofisticados. Tienes buen pulso y puedes realizar movimientos intrincados con mucha habilidad. Quizá tengas buena mano para el maquillaje y los masajes, o talento para la decoración. Cuando otros intentan hacer lo que a ti te resulta natural, terminan por arruinar precisamente aquello que están tratando de arreglar o armar. Lo que para ti es fácil, para ellos es imposible.

Otros son deportistas natos y buenos para las actividades físicas, como la danza o el movimiento artístico. Tu confianza en cualquier terreno de juego te da confianza en la vida. Estar en forma te parece la única manera de vivir, y mientras otros evitan todo aquello que los haga sudar, sientes que tu vida está vacía sin el ejercicio.

Puedes animar a alguien con fuertes aptitudes físicas de la siguiente manera:

- Elogia su capacidad para arreglar o armar cosas.
- Agradécele por arreglar o armar algo para ti.
- Cuida sus horarios para que no tenga que interrumpir un proyecto.
- Pasa tiempo admirando el trabajo que ha hecho.
- Dale tiempo para que disfrute de la actividad física.
- Acompáñalo/a en alguna actividad, aunque tú te sientas fuera de tu zona de comodidad, y pídele su opinión.

Puedes desanimar a alguien con fuertes aptitudes físicas de la siguiente manera:

- Quéjate por cuánto tiempo lleva en un proyecto y por cuánto cuesta.
- Interrumpe su proyecto cada cinco minutos.
- Dile cómo hacer las cosas en vez de dejar que se encargue de un proyecto.
- Llena su vida de trámites y compromisos sociales, de tal modo que tenga poco tiempo para sus proyectos.
- Sobrecarga su vida de actividades, de tal modo que le quede poco tiempo para las actividades físicas.

- Quéjate de la actividad física, ya que si a ti no te gusta, tampoco debería gustarles a tu cónyuge y a los miembros de tu familia, y mucho menos practicarla.

Categoría 2: Sabiduría y conocimiento

El funcionamiento de nuestra mente es realmente increíble. Une pensamientos y saca conclusiones sobre la vida. Sin embargo, algunos tienen una capacidad extraordinaria de entender algunas áreas de la vida. Podrían tener conocimiento de las prácticas comerciales que hace que los procesos complejos sean simples. Podrían tener sabiduría a la hora de tomar decisiones que les den la capacidad de aconsejar a otros en sus iniciativas. Podrían tener conocimiento de las operaciones financieras que lo convierten en un inversor o asesor financiero experto.

Si esta es tu capacidad singular, tienes momentos de lucidez que son sorprendentes. Cuando conversas con otros, el próximo curso de acción es claro como el agua para ti. Puedes ver los problemas, los obstáculos y la manera de sortearlos. El camino es tan claro para ti que puedes ayudar a otros a atravesarlo. Incluso podrías ser impaciente con aquellos que cuestionan tus conclusiones, simplemente, porque la solución es muy clara para ti.

> Puedes ver los problemas, los obstáculos y la manera de sortearlos.

Puedes animar a un cónyuge que tiene una sabiduría singular de la siguiente manera:

- Elogia la sabiduría de tu cónyuge.
- Aparta tiempo para que tu cónyuge interactúe con aquellos que se beneficiarían de su sabiduría.
- Alienta a tu cónyuge a aprender más y perfeccionarse en su área de conocimiento.
- Aparta tiempo, dinero o energía para participar de la aventura de aprendizaje de tu cónyuge.

Puedes desanimar a un cónyuge que tiene una sabiduría singular de la siguiente manera:

- Quéjate de la cantidad de tiempo que pasa con los demás.

- Dile que piensas que los demás son más importantes que tú.
- En reuniones públicas, expresa una fuerte opinión sobre el área de conocimiento de tu cónyuge, en vez de dejar que él/ella exprese su juicio.
- Menoscaba el deseo que tiene tu cónyuge de aprender y crecer en sabiduría o de usar su sabiduría.

Categoría 3: Tecnología

El ritmo del crecimiento tecnológico es tan rápido que apenas podemos imaginar las maravillas tecnológicas que el futuro nos depara. En medio de un incesante desarrollo electrónico, algunos han recibido un entendimiento excepcional de su funcionamiento. Cuando surge una tecnología nueva, no les cuesta saber cómo funciona y cómo usarla.

> En medio de un incesante desarrollo electrónico, algunos han recibido un entendimiento excepcional de su funcionamiento.

Algunos tienen una gran aptitud para la programación así como para poner en funcionamiento y arreglar dispositivos. Todos estamos agradecidos por ustedes, porque nos suministran los avances tecnológicos que tenemos a nuestro alcance. La mayoría de nosotros nunca podría hacer lo que ustedes hacen. Enseguida nos sentimos completamente abrumados cuando nos explican cómo funciona la tecnología en su nivel más básico.

Otros son muy buenos para ayudar a otras personas con la tecnología. Estos aceptan que gran parte de la tecnología constituye un lenguaje desconocido para muchos, que necesitan usarla en su trabajo o su vida personal. Pueden explicarnos los procedimientos en términos simples que podamos entender. Y hacen que los sistemas complejos de computación sean de fácil uso y tengan aplicaciones de uso masivo.

Puedes animar a un cónyuge con capacidad para la tecnología de la siguiente manera:

- Elogia su capacidad para entender la tecnología.
- Anima a tu cónyuge a hacer inversiones razonables en dispositivos electrónicos.
- Estimula a tu cónyuge a participar de actividades que lo/a ayuden a aprender más sobre tecnología.

- Pídele ayuda con tu computadora o teléfono.
- Acompaña a tu cónyuge a actividades donde presenten o promocionen la tecnología.

Puedes desanimar a un cónyuge con capacidad para la tecnología de la siguiente manera:

- Quéjate por el tiempo que tu cónyuge pasa en la computadora.
- Quéjate del alto costo de las cosas electrónicas.
- Quéjate de que la tecnología está complicando tu vida o está haciendo el mundo demasiado complejo.
- Actúa con desinterés o apatía hacia la tecnología.

Categoría 4: Relaciones

Muchos tienen un fuerte instinto natural para saber cómo funcionan las relaciones. Sienten el estado de ánimo y las necesidades de los demás. Pueden percibir si alguien necesita que le dediquen tiempo y logran comunicarse creativamente con esa persona para animarla e inspirarla.

Algunos tienen capacidad para las relaciones en la interacción cotidiana con las amistades. Son buenos para estar en contacto con las personas. Saben qué está sucediendo en la vida de los demás y, regularmente, los animan en sus iniciativas.

Muchos tienen un fuerte instinto natural para saber cómo funcionan las relaciones.

Otros son talentosos para aconsejar a otras personas en sus relaciones. Probablemente, haya empezado en la adolescencia, cuando notaban que sus amigos siempre los buscaban para que los aconsejaran en sus relaciones. Realmente no entendían por qué los buscaban, pero parecían tener respuestas para ellos. Como adultos, han estado ayudando a otros a resolver problemas interpersonales en una combinación de situaciones casuales y formales. Es probable que sus amigos los llamen para pedirles consejos. Puede que estén dirigiendo un grupo de estudio bíblico o de oración enfocado en las relaciones importantes de cada uno.

Otras personas que tienen esta capacidad pueden ayudar a otros a sanar. Es probable que se dediquen profesionalmente a ayudar a los demás o dirijan un ministerio de recuperación en su comunidad.

Mientras algunos cuentan su historia, ellos tienen la capacidad asombrosa de ver el camino que los alejará de su dolor y que los llevará a tomar buenas decisiones. Sienten carga por la cantidad de historias que escuchan, pero no dejan de percibir el proceso que promueve la sanidad en el corazón de las personas.

Puedes animar a un cónyuge que tiene capacidad para las relaciones de la siguiente manera:

- Elogia su capacidad de comprender a las personas.
- Dile a tu cónyuge que estás feliz de ser su amigo/a.
- Provee los medios para que tu cónyuge esté en contacto con las personas.
- Ayuda a tu cónyuge a establecer ciertos límites para prevenir un caudal abrumador de personas que quieran hablar con él/ella.
- Comparte algunas de tus vacaciones con familiares y amigos.

Puedes desanimar a un cónyuge que tiene capacidad para las relaciones de la siguiente manera:

- Quéjate de cuánto habla tu cónyuge con otros.
- Ignora la necesidad de tu cónyuge de establecer límites que mantengan a raya este don.
- Limita la capacidad de tu cónyuge de comunicarse con otros.
- Llena de tareas a tu cónyuge de tal modo que no le quede tiempo para los demás.

Bill tiene este don. Siempre me asombro de ver que puede concentrarse en el problema real de una persona cuando habla con ella; que puede hacer que perfectos extraños se sientan a gusto con él en solo minutos; y que siempre es el alma de la fiesta con sus historias graciosas y preguntas intuitivas.

Bill tiene don de gentes. Podríamos estar caminando en grupo por una calle de cualquier ciudad, y cualquier indigente que pide limosnas o cualquier madre que necesita arrancar su automóvil o cambiar una llanta se dirigirán a Bill. No a mí ni a ninguna de las nueve personas que están con nosotros, ¡siempre a Bill! Él a menudo pregunta: "¿Por qué a mí? ¿Por qué siempre me eligen a mí?". Yo le hago bromas y le digo que le sobresale la capa de Superman por debajo de su camisa.

Nuestro hijo Zachery también tiene este don. En la universidad, Zach era el capitán de su equipo de porristas mixto. Más de cien compañeros seguían su liderazgo y su guía, no solo en el deporte, sino también en sus vidas personales. Su talento natural para ayudar a sus amistades a analizar detenidamente sus vidas era muy popular, incluso entre porristas de otras universidades que lo llamaban en busca de sabiduría y guía. Lo apodamos "el capellán de los porristas".

Puesto que tanto Bill como Zach tienen don de gentes, su vida puede convertirse en una maraña de personas, y las necesidades de esas personas, en un caudal constante de demandas de ayuda. Bill y Zach a menudo necesitan apoyo a la hora de hacer cumplir los límites.

Una vez, cuando viajamos a Hawái para pasar unas vacaciones muy necesitadas y celebrar nuestro aniversario, compré una camiseta para Bill que decía: "Programa de protección de testigos: Nadie me conoce".

No dio resultado.

El primer día en el hotel, salió en la charla nuestra ocupación. Por consiguiente, Bill pasó un tiempo de las vacaciones aconsejando y ayudando a otros. Sinceramente, no me importó porque igual pasó *bastante* tiempo conmigo. Además, cuando Bill usa su talento, es más agradable estar con él cuando estamos solos, porque se siente bien con él mismo y con el hecho de que Dios lo esté usando para ayudar a otros.

Yo animo a Bill a tener la libertad espontánea de ejercer su don de gentes. Y Bill me anima a poner límites al ejercicio de su don, de modo que siempre sé que soy la persona más importante en su corazón.

Categoría 5: Talento musical

La música es una fuerza poderosa en nuestra vida. Estimula el corazón, enciende nuestras emociones y despierta nuestra imaginación. Tiene la capacidad de conectar nuestros pensamientos, sentimientos y acciones para inspirarnos a mejores cosas.

> Algunos han sido dotados con un talento musical para beneficio del resto de nosotros.

Algunos han sido dotados con un talento musical para beneficio del resto de nosotros. Tienen oído para poder tocar un instrumento y cantar afinadamente. Su voz está dotada para cantar. Le encuentran sentido a los instrumentos musicales y les fascina estudiar música. Pueden disfrutar el escenario o la soledad de un estudio, pero aman la música y son buenos para expresarse por medio de una canción.

Puedes animar a un cónyuge con talento musical de la siguiente manera:

- Elogia su capacidad de expresarse musicalmente.
- Invierte en instrumentos y música, o en lecciones de canto.
- Anima a tu cónyuge a participar en actividades musicales (una orquesta, un coro u otro conjunto musical).

Puedes desanimar a un cónyuge con talento musical de la siguiente manera:

- Quéjate de lo irritante que es escuchar sus ensayos de música.
- Mantén a tu cónyuge tan ocupado con otras cosas que no tenga tiempo para la expresión musical.
- Dile que pasa mucho tiempo haciendo música y que no te dedica suficiente tiempo a ti y a la familia.

Categoría 6: Artes creativas

La expresión creativa es uno de los grandes dones de la vida. Ha dado origen a las obras de teatro, las bellas artes, el cine, la televisión, la decoración del hogar y las artes gráficas. Si tienes este don, para ti la vida tiene sentido de una manera que la persona promedio no entiende. Tú ves formas, colores y conceptos con una claridad y belleza poco habitual. Cuando te expresas, otras personas experimentan un momento revelador. Ven el arte que haces y dicen: "Es increíble". Te piden que inventes un logo, pero solo pueden explicarte el sentimiento que quieren que transmita. Cuando le das forma a ese sentimiento, te dicen: "¡Eso es! ¿Cómo se te ocurrió eso?". No puedes responder realmente su pregunta, porque tan solo se te ocurrió la idea y supiste que era lo correcto.

> La expresión creativa es uno de los grandes dones de la vida.

Puedes animar a un cónyuge que es dotado en las artes creativas de la siguiente manera:

- Elogia su capacidad para inspirar a otros.

- Permite que tenga la oportunidad de participar de sus intereses creativos.
- Invierte en lecciones o capacitación para perfeccionar su capacidad natural.
- Exhibe la obra de tu cónyuge.

Puedes desanimar a un cónyuge que es dotado en las artes creativas de la siguiente manera:

- Quéjate de cuán expresivo/a es.
- Critica su expresión creativa.
- Recarga de responsabilidades a tu cónyuge para que le quede poco tiempo para desarrollar su creatividad.
- Presiona a tu cónyuge para que muestre su creatividad antes que esté preparado/a para que el mundo vea su obra.

Nuestro hijo menor, Caleb, es el artista de la familia y tiene una capacidad increíble para perseverar. Puede trabajar en un dibujo durante días hasta quedar satisfecho. Es extraordinariamente tenaz para lograr sus metas deportivas. Las personas que lo conocen se impresionan de lo que es capaz de hacer y le piden que sea el líder, aunque es muy discreto cuando lo hace.

Michael y Cindy tienen una relación admirable en lo que respecta a apoyar a un cónyuge creativo. Cindy es una compositora y cantante dotada. Michael viaja como técnico de sonido para apoyar a Cindy en retiros y otras actividades y servicios. Él también cuida a sus hijos para que ella pueda escribir y componer. Michael es como "el viento bajo las alas" para Cindy.

¿Has notado alguna vez cuántos ganadores de premios Grammy y CMT agradecen a Dios y luego a su pareja cuando reciben un premio? Se requiere de un cónyuge que te admire para tener auge y éxito.

Categoría 7: Liderazgo

Algunos son líderes natos.

Algunos son líderes natos. Parecen haber nacido para ser líderes de toda actividad en la que participen. Desde que eran niños, sus compañeros los elegían para estar al frente. Las personas respetan sus ideas y, por lo general, ponen en acción sus instrucciones. A veces notamos que algunos tratan de ser líderes, pero la gente no los sigue. Por el otro lado, estos líderes natos siempre tienen alguien que los sigue, aunque a veces desearían estar solos.

Puedes animar a un cónyuge que tiene capacidad para el liderazgo de la siguiente manera:

- Sigue el liderazgo de tu cónyuge.
- Elogia la visión que expresa.
- Haz cosas que hagan que su plan dé buenos resultados.
- Haz que los demás sepan que valoras a tu cónyuge como líder.

Puedes desanimar a un cónyuge que tiene capacidad para el liderazgo de la siguiente manera:

- Quéjate de casi todas las decisiones que tome.
- Niégate a seguir a tu cónyuge.
- Resiste sus esfuerzos por ejercer influencia en los demás.
- Sé egoísta con los recursos que, si los compartieras, podrían ayudar a tu cónyuge a lograr sus metas.

Pam tiene esta capacidad. Tomar decisiones es natural para ella. Ha escrito libros como *¡Atrévete, sé valiente!* y *Mujer, ¡decide lo mejor!*, porque tiene en su corazón marcar el ritmo en la vida de las mujeres. Su amor por ministrar a las parejas y las familias es fruto de su amor por ayudar a las mujeres a prosperar en sus relaciones más importantes. Aunque es una mujer visionaria, líder y con tendencia a tomar decisiones, necesita un cónyuge que sea flexible y se adapte a sus cambios de rumbo, a sus planes y al ritmo frenético de su vida. Ella necesita un equipo que la sigua y que lleve a cabo sus planes.

Suelo decir (Pam) que una mujer fuerte necesita casarse con un hombre fuerte. Bill está al frente de nuestra familia y nuestra vida, y una de las fortalezas de un buen líder es delegar. Él ha sido mi mayor admirador y el que más me apoya. Muchas de las mujeres que son conferencistas y líderes cristianas tienen esposos que ven el valor de permitir que sus esposas usen los dones que Dios les ha dado.

Categoría 8: Comunicación

Puede que tengas una capacidad extraordinaria para comunicar principios de vida a otras personas. Quienes te escuchan, dicen: "Sí, eso es lo que he estado pensando, pero no sabía cómo decirlo". Tal vez prefieras las conversaciones privadas donde hablas con tus amigos de tu perspectiva de la vida o busques oportunidades de hablar frente a grupos. Puede que te atraiga la enseñanza como profesión o pasatiempo, o que prefieras hablar en público. Incluso podrías descubrir que tienes un talento natural para la comunicación por señal abierta, de modo que las difusiones radiales o televisivas resultan ser una aventura atractiva para ti. En cualquier caso, tienes facilidad de palabras para explicar principios complejos, que resultan de fácil comprensión para la persona promedio.

Puede que tengas una capacidad extraordinaria para comunicar principios de vida a otras personas.

Puedes animar a un cónyuge que tiene capacidad para la comunicación de la siguiente manera:

- Elogia su capacidad de comunicar principios de vida.
- Permite que tenga la oportunidad de influenciar a otros.
- Busca frecuentemente su consejo.

Puedes desanimar a un cónyuge que tiene capacidad para la comunicación de la siguiente manera:

- Quéjate por la cantidad de interrelaciones que mantiene.
- Acusa a tu cónyuge de ser superficial o egoísta.
- Interrumpe con frecuencia a tu cónyuge cuando habla.

Categoría 9: Finanzas

En la escuela primaria, puede que hayas leído sobre el personaje mitológico llamado Midas, que todo lo que tocaba se convertía en oro. Algunos tienen la misma habilidad de Midas. Les encantan las finanzas, y son buenos para hacer dinero y conservarlo. Les encanta la adrenalina de hacer un negocio o ver cómo se acumulan los intereses. Les apasionan las planillas de cálculo Excel.

Algunos tienen la misma habilidad de Midas. Les encantan las finanzas, y son buenos para hacer dinero y conservarlo.

Las personas con este don a menudo tienen una vida muy ocupada. Puede que sean ejecutivos de corporaciones o empresarios, pero independientemente del título que tengan, suelen trabajar por largas horas. El cónyuge casado con una persona como Midas necesita dar gracias por haberse casado con alguien en quien Dios confía lo suficiente para darle dinero para administrar.

Puedes animar a un cónyuge con capacidad para las finanzas de la siguiente manera:

- Elogia su capacidad para sostener financieramente a la familia.
- Procura ser independiente y cumplir con las responsabilidades personales y familiares (sé una persona fácil de contentar).
- Ora con tu cónyuge sobre la manera de usar su don, ya sea en dar generosamente para la obra del reino de Dios o en capacitar a otros para administrar con sabiduría las finanzas y ser productivos en el trabajo.
- Ayuda a tu cónyuge a desarrollar una iniciativa empresarial.

Puedes desanimar a un cónyuge con capacidad para las finanzas de la siguiente manera:

- Quéjate de la cantidad de horas que trabaja.
- Ten envidia por quién gana más dinero.
- Niégate a asistir a reuniones sociales que son parte de su profesión.
- Despilfarra el dinero.

El afecto de uno por el otro crecerá cuando valoren y aprecien las diferencias singulares entre ustedes y en cada miembro de la familia. Celebren las diferencias, aprovechen las diferencias y disfruten las diferencias. Úsenlas en beneficio propio y de la familia, mientras cada uno busca ser mejor para el equipo.

Momento decodificador: *Recopila pruebas*: este es el momento de recopilar las pruebas y las mejores pistas para discernir las fortalezas, los dones, los talentos y la capacidad que cada uno posee. Marca las categorías que corresponden a cada miembro de tu familia inmediata:

Categoría de capacidad singular	**Esposo**	**Esposa**	**Hijo 1**	**Hijo 2**	**Hijo 3**	**Hijo 4**	**Hijo 5**
Aptitud física							
Sabiduría y conocimiento							
Tecnología							
Relaciones							
Talento musical							
Artes creativas							
Liderazgo							
Comunicación							
Finanzas							

***Procesa la prueba*:** Se requiere de tiempo y concentración para determinar tu contribución única a la vida. Cada etapa ofrece más comprensión de cómo Dios te diseñó. Cada vez que intentas definir tu capacidad singular, se vuelve un poco más clara. Describe tu capacidad singular por lo que hoy entiendes. ¿Cuál es el elemento más valioso que tienes para aportar?

Ahora enumera las cualidades y las características que más aprecias y valoras en tu pareja:

Tomen tiempo para elogiarse uno a otro y dar ejemplos específicos de momentos en los cuales han sido animados, bendecidos o fortalecidos por las fortalezas del otro.

La llave de la bondad

La llave que abre el candado de las capacidades singulares en tu matrimonio es la bondad. No queremos decir que se tienen que convertir en personas buenas, que nunca se confronten ni se reten uno a otro. La bondad es la conclusión de que todos somos iguales delante de Dios. Puesto que somos iguales, nuestros talentos tienen el mismo valor que el de cualquier miembro de la familia. Si yo creo que todos en mi familia son tan importantes como yo, seré bueno con ellos y pondré el mismo esfuerzo que pongo en mi propia vida para ayudarlos a crecer y desarrollarse. En este sentido, Jesús es la persona más buena que alguna vez ha vivido en esta tierra y nos dio el ejemplo en Juan 13:1-15:

> Y habiendo amado a los suyos que estaban en el mundo, los amó hasta el fin… así que se levantó de la mesa… y comenzó a lavarles los pies a sus discípulos…
> —… Pues si yo, el Señor y el Maestro, les he lavado los pies, también ustedes deben lavarse los pies los unos a los otros. Les he puesto el ejemplo, para que hagan lo mismo que yo he hecho con ustedes.

Nosotros tenemos una relación con Jesús, porque Él es bueno. Solíamos hacer cosas que atentan contra una relación de amor. "En otro tiempo también nosotros éramos necios y desobedientes. Estábamos descarriados y éramos esclavos de todo género de pasiones y placeres. Vivíamos en la malicia y en la envidia. Éramos detestables y nos odiábamos unos a otros. Pero cuando se manifestaron la bondad y el amor de Dios nuestro Salvador, él nos salvó" (Tit. 3:3-5). En otras palabras, la relación eterna con Jesús fue posible por su bondad. Él nos consideró tan importantes, que entregó su propia vida por nosotros, y ahora nos ha presentado el mismo reto a nosotros: "No hagan nada por egoísmo o vanidad; más bien, con humildad consideren a los demás como superiores a ustedes mismos. Cada uno debe velar no sólo por sus propios intereses sino también por los intereses de los demás. La actitud de ustedes debe ser como la de Cristo Jesús" (Fil. 2:3-5).

La bondad es un instrumento poderoso. Considera todo lo que la bondad puede hacer:

- Nos guía al arrepentimiento (Ro. 2:4).
- Nos guía a nuestra adopción como hijos e hijas de Dios (Ef. 1:5).
- Nos da a conocer los misterios de la voluntad de Dios (Ef. 1:8-9).
- Nos lleva al perdón, lo cual libera nuestro corazón de la amargura (Col. 3:12-13).
- Crea una atmósfera para el crecimiento (1 P. 2:1-3).

EL PODER DE TUS PALABRAS

Finalmente, una de las mejores maneras de expresar el afecto es por medio de las palabras. Al comienzo de este siglo, John Gottman, un investigador sobre relaciones de la Universidad de Washington, revolucionó todo el campo de la educación matrimonial con la conclusión de que las parejas exitosas tienen cinco interacciones positivas por cada interacción negativa.[8] Todos sabíamos por instinto que los elogios y las palabras positivas hacían bien a las parejas, pero ninguno de nosotros tenía ningún dato empírico que lo sustentara.

Ahora sabemos que las parejas que están determinadas a tener una relación segura y exitosa harán de las interacciones positivas una experiencia común. Los esposos elogiarán frecuentemente a su esposa, y las esposas harán lo mismo con su esposo. Se elogiarán uno a otro por la mañana y por la noche. Se elogiarán uno a otro cara a cara, por correos electrónicos y por mensajes de teléfonos celulares. Elogiarán sus capacidades singulares y sus intentos de crecer. Se elogiarán cuando estén contentos el uno con el otro y cuando estén en medio de una discusión. Las declaraciones positivas de uno hacia otro serán parte de la atmósfera de su hogar.

Nosotros hemos desarrollado algunas tradiciones en nuestra manera de interactuar, que nos han ayudado a mantener un porcentaje alto.

Pam: Cada vez que tengo la oportunidad, le digo a Bill: "Eres un muy buen hombre". A menudo respondo sus correos con: "Sin ti no soy nada". Les digo a los demás cuando sé que Bill puede escucharme: "Él es el timón que mantiene el rumbo de mi creatividad. Sin él, estaría a la deriva".

Bill: Cada vez que Pam me dice: "Tan solo soy yo", le respondo: "No, eres especialmente tú". A menudo encabezo mis correos para Pam con: "A mi ángel...". Le recuerdo tantas veces como puedo: "Mi vida sería más insignificante sin ti".

Ambos tenemos el hábito de decir: "Prefiero estar en una situación estresante contigo, que en una situación fácil con otra persona". En medio del ajetreo de nuestras ocupaciones, solemos abrazarnos y susurrar a nuestros oídos cosas que decimos mientras hacemos el amor.

---

8. John Gottman, *Why Marriages Succeed or Fail: And How You Can Make Yours Last* (Nueva York: Fireside, 1994, 1995), pp. 29, 57.

Sé que todo esto parece algo trillado, pero nos asegura que cada semana el lado positivo de nuestra relación subyugue el lado negativo.

ABRE EL CANDADO DE TU AMOR

Cena y diálogo para una comunicación de corazón a corazón

Coloca tu relación "sobre la línea" al completar las frases siguientes:

"Cuando te miro, la fortaleza singular que veo en ti es…".

"Lo que más aprecio de esta fortaleza es…".

Luego pregunta:

"¿Qué puedo hacer para animarte en esta área?".

"¿Qué es lo más tierno que te he dicho alguna vez?".

"¿Qué incidencia tiene mi manera de tocarte en el área de tu fortaleza y capacidad singular?".

4

La recreación

"El fruto del Espíritu es... paciencia...".

Nuestra amiga Dawn Wilson es una de las miles de personas que descubrió su pasión por el *geocaching*, la versión de alta tecnología de la búsqueda del tesoro.

> El *geocaching* ha cautivado la imaginación de más de medio millón de adultos en más de doscientos países —dice Dawn—. Las personas que practican *geocaching* usan una lista de pistas y un GPS o un teléfono celular con GPS para entrar las coordenadas de longitud y latitud que aparecen en un sitio de Internet y encontrar un tesoro escondido.
>
> El juego los lleva por lugares recónditos, hasta que al final de la búsqueda, encuentran un simple objeto o juguete escondido en un recipiente hermético y un diario de ruta para firmar. Por lo general, es fácil encontrar las coordenadas del GPS, pero localizar el escondite puede ser exasperante. El terreno puede ser peligroso, y las horas de trabajo, desalentadoras. Algunos escondites tienen pistas que llevan a escondites *más grandes* para los jugadores que están dispuestos a hacer el trabajo. Las reglas son simples. Cuando alguien toma algo de un escondite, debe dejar algo en él y luego escribir en el diario de ruta. Encontrar el tesoro es la meta, pero la aventura es el verdadero premio.

Dawn encuentra varios paralelos entre el *geocaching* y un buen matrimonio.

¡El matrimonio adquiere una nueva dimensión cuando los cónyuges ven su relación como la búsqueda de un tesoro! Cada nuevo descubrimiento sobre uno de los cónyuges es importante, pero la búsqueda en sí es lo que trae gozo y placer al matrimonio.

Estudiar la vida de tu cónyuge en busca de pistas sobre sus motivaciones y metas personales, fortalezas y debilidades y profundas necesidades aporta no solo conocimiento, sino entusiasmo a tu relación. Lo que descubras podría tratarse de un territorio recóndito y tal vez desagradable. El proceso para el descubrimiento podría dar mucho trabajo, pero es provechoso. ¡Acuérdate de los que practican *geocaching*! Cuando tomas algo, no te olvides de dar algo. Una mutua y tierna comunicación favorecerá el crecimiento de tu relación. Busca conocer el verdadero corazón de tu pareja, pero no te olvides de revelar tu propio corazón.[9]

"¡El matrimonio adquiere una nueva dimensión cuando los cónyuges ven su relación como la búsqueda de un tesoro!".
—Dawn Wilson

Tiempo para estar juntos

¿Qué podemos decir de los hombres y sus deportes?

Un hombre se casa y está parado junto a su novia en la iglesia. El hombre tiene la bolsa de sus palos de golf al lado.

—¿Qué están haciendo tus palos de golf aquí? —le susurra su novia.

—No va a durar todo el día esto, ¿verdad? —le responde el hombre.

¿Qué podemos decir de las mujeres y sus salidas de compras?

Una mujer va caminando por la calle cuando una mujer indigente, sucia y andrajosa le pide dinero para comer.

La mujer saca un billete de su cartera y le pregunta:

9. Historia personal escrita por Dawn Wilson.

—Si te doy este dinero, ¿te comprarás vino en vez de comida?

—No, dejé de beber hace años —le responde la indigente.

—¿Lo usarás para ir de compras en vez de comprar comida?

—No, no pierdo tiempo haciendo compras. Estoy todo el tiempo tratando de mantenerme viva.

—¿Te lo vas a gastar en un salón de belleza en vez de comida?

—¡Ni loca! ¡Hace veinte años que no me arreglo el cabello!

—Bueno, no voy a darte el dinero —dice la mujer—. Mejor te invito a cenar esta noche con mi marido.

—¿No se va a enojar contigo tu marido? Sé que estoy sucia y que probablemente huela bastante mal.

—No, es importante que él vea cómo queda una mujer después de haber abandonado las salidas de compras, el salón de belleza y el vino.

De alguna manera, todas las bromas parecen derivar en cónyuges que pasan cada vez menos tiempo juntos y más tiempo en cosas como jugar al golf o ir de compras. Pero ¿realmente nos casamos para eso, para un juego de golf o una gran liquidación de temporada?

Una amistad divertida

"Las parejas exitosas se tienen 'respeto mutuo y disfrutan de su mutua compañía'".[10] En otras palabras, las parejas seguras y exitosas hacen de su amistad una de sus máximas prioridades. Invierten tiempo pacientemente para estar juntos y explorar cada uno el corazón del otro, con el fin de edificar una vida juntos.

Parece simple, pero a menudo va en contra de nuestro instinto. Cuando una mujer desarrolla una amistad con otra mujer, la funda sobre un intercambio de ideas. Ella y sus amigas hablan de sus esperanzas, sus

---

10. Karen Peterson, *USA Today*, 1 de abril de 1999, "Friendship Makes Marriages a Success," cita de John Gottman, un investigador de la Universidad de Washington.

sueños, sus pensamientos y experiencias presentes con un flujo dinámico de ideas. Les encanta interactuar y hablar de lo que está sucediendo en sus vidas. Todas ven la vida como una red de pensamientos, emociones y experiencias interconectadas, por lo cual, naturalmente, se relacionan por medio de las palabras. Las mujeres consideran una amistad segura cuando es rica en conversaciones, dinámica en emociones y está llena de diálogo.

Por el otro lado, los hombres edifican la amistad sobre la base de las actividades. Salen a cazar juntos, a pescar juntos, a trabajar en computación juntos, a armar cosas juntos, a hacer música juntos. Y mientras hacen cosas juntos, desarrollan camaradería. A veces hablan de lo que hay en su corazón y otras veces solo participan juntos de la actividad. Los hombres consideran una amistad exitosa cuando es suficientemente simple para hacerlos sentir capaces o menos estresados.

Puesto que los hombres y las mujeres tienen una perspectiva diferente de la amistad, ¿qué hace prosperar la amistad entre ellos? La amistad entre cónyuges, que genera una atmósfera de seguridad y éxito, tiene las siguientes características: juegan juntos, se ríen juntos, se influencian mutuamente por igual, tratan de "conocerse" uno al otro y encuentran su ritmo como pareja.

Jugar juntos

Ustedes se casaron porque a cada uno le gustaba estar en compañía del otro, ¿recuerdan? Pasaban largas horas conversando, hablando de sus sueños y explorando los deseos de su corazón. Descubrieron una amistad que no se parecía a nada de lo que alguna vez habían experimentado. Había aceptación, pasión, ánimo y fascinación. Basados en la compatibilidad entre ustedes, decidieron casarse. Año tras año, han agregado responsabilidades, compromisos y obligaciones financieras. A menos que deliberadamente hayan apartado tiempo para su relación de amor, las obligaciones de la vida habrán ocupado el lugar de sus citas y conversaciones de pareja. Hablan mucho de las cuentas por pagar, de los hijos y de sus compromisos; pero pasan muy poco tiempo hablando de las esperanzas y los sueños que los hacen personas fascinantes.

> La paciencia aplaca la resistencia emocional, porque el amor requiere tiempo.

Desde luego, tienen que pasar tiempo hablando de las responsabilidades. Sin embargo, para que el matrimonio prospere, los cónyuges necesitan pasar bastante tiempo juntos para seguir fundiendo sus corazones. Esto es más retador durante las etapas de la vida altamente productivas, porque la atracción romántica es ineficaz. No funciona muy bien decirle a tu cónyuge: "¿Cómo te sientes hoy? Dímelo rápido porque me tengo que ir a trabajar". Este ritmo de comunicación acelerado tiende a cerrar el corazón y crear distancia entre los cónyuges, que de otra manera estarían más apegados.

Tu cónyuge evitará sincerarse contigo, porque sentirá que lo/a estás apresurando. Le dará impresión de que las responsabilidades de la vida son más importantes que él o ella y, automáticamente, tomará una postura defensiva contigo. La paciencia aplaca la resistencia emocional, porque el amor requiere tiempo.

El tiempo que pasas en compañía de tu cónyuge no es una actividad opcional en tu relación. Es una de las principales actividades que te dará energía para el resto de las cosas en tu vida. Los cónyuges que tienen una vivencia cotidiana de su amor pasan menos tiempo y energía en conflictos. Los cónyuges que se relacionan románticamente tienen más confianza y por eso son más efectivos en sus actividades laborales. Los cónyuges que se respetan y se admiran mutuamente tienden a estar de acuerdo en los mensajes que les transmiten a sus hijos, lo cual minimiza los conflictos con ellos. Por consiguiente, la relación romántica aumenta el nivel de energía en sus vidas.

RECOPILACIÓN DE PRUEBAS

Marca tu respuesta a las siguientes preguntas:

Esposo:

Me gustaría que tuviéramos nuestra cita de pareja

- ☐ una vez a la semana;
- ☐ una vez cada dos semanas;
- ☐ una vez por mes.

Me gusta más cuando

- ☐ siempre tenemos nuestra cita de pareja el mismo día de la semana;
- ☐ decidimos el día de nuestra cita cada vez que la planificamos.

Me gustan más nuestras citas de pareja cuando

- ☐ salimos;
- ☐ nos quedamos en casa.

Me gustan más nuestras citas de pareja cuando

- ☐ yo planifico la cita;
- ☐ mi esposa planifica la cita;
- ☐ planificamos la cita una vez cada uno;
- ☐ planificamos la cita juntos.

Me gusta cuando nuestras citas de pareja

- ☐ solo nos incluyen a nosotros;
- ☐ incluyen a otra pareja
- ☐ incluyen a un grupo.

Me gusta cuando nuestras citas de pareja incluyen un tiempo para socializar

- ☐ solos;
- ☐ con otras personas en nuestra casa;
- ☐ con otras personas fuera de nuestra casa.

Esposa:

Me gustaría que tuviéramos nuestra cita de pareja

- ☐ una vez por semana;
- ☐ una vez cada dos semanas;
- ☐ una vez por mes.

Me gusta más cuando

- ☐ siempre tenemos nuestra cita de pareja el mismo día de la semana;
- ☐ decidimos el día de nuestra cita cada vez que la planificamos.

Me gustan más nuestras citas de pareja cuando

- ☐ salimos;
- ☐ nos quedamos en casa.

Me gustan más nuestras citas de pareja cuando

- ☐ yo planifico la cita;
- ☐ mi esposo planifica la cita;

- ☐ planificamos nuestra cita una vez cada uno;
- ☐ planificamos la cita juntos.

Me gusta cuando nuestras citas de pareja

- ☐ solo nos incluyen a nosotros;
- ☐ incluyen a otra pareja;
- ☐ incluyen a un grupo.

Me gusta cuando nuestras citas de pareja incluyen un tiempo para socializar

- ☐ solos;
- ☐ con otras personas en nuestra casa;
- ☐ con otras personas fuera de nuestra casa.

Una vez que hayan marcado sus respuestas, elaboren juntos una rutina de salidas como pareja. Decidan con qué frecuencia quieren tener una salida de pareja y planifíquenlas. Nuestra recomendación es que pasen tiempo cada semana y se turnen para planificar el tiempo que pasen juntos, aunque es probable que uno de ustedes planifique más salidas que el otro.

Cuando se junten para hablar de la rutina de sus salidas, tomen tiempo para responder la lista que sigue a continuación. Marque cada uno todas las actividades que disfruta. Después podrán usar esta lista para ayudarles a planificar los tiempos de esparcimiento juntos.

Cuando tratamos de pasar tiempo juntos, me gusta cuando (agrega tus propias ideas en el espacio en blanco):

Actividad		**Esposo**	**Esposa**
Actividades ocasionales			
	Comer juntos		
	Ver una película		
	Asistir a un rodeo		
	Ir de compras		
	Visitar una tienda de antigüedades		
	Asistir a conciertos		
	Visitar museos		

Actividad		Esposo	Esposa
Pasatiempos dinámicos			
	Dar una caminata por el vecindario		
	Hacer una excursión		
	Andar en canoa o *kayac*		
	Ir en bote o moto acuática, hacer esquí acuático o navegar en barco		
	Andar en bicicleta		
	Volar un barrilete o cometa		
	Caminar en la playa o alrededor de un lago		
	Bailar bajo las estrellas		
	Practicar *snowboard*, esquí o deslizarse sobre la nieve en un neumático		
	Andar en moto de nieve		
	Andar en moto o vehículo todo terreno		
	Montar a caballo		
	Andar en carruaje, trineo o carreta conducidos por caballos		
	Deslizarse en trineo o tobogán		
	Navegar en el río sobre una cámara de aire		
	Jugar a los bolos		
	Saltar a la cuerda, jugar a la rayuela o columpiarse en un parque		
Pasatiempos extenuantes			
	Hacer montañismo		
	Correr		
	Entrenar en un club de atletismo (al mismo tiempo)		
	Levantar pesas mientras nos observamos uno a otro		
	Saltar en un trampolín		
	Practicar paracaidismo		
	Participar de una clase aeróbica o Pilates		

	Actividad	Esposo	Esposa
	Practicar *snorkel* o buceo		
	Hacer *windsurf*		
	Hacer *surf*		

Reírse juntos

Según el consenso generalizado, la risa es buena para nuestra vida. Una buena risa nos hará sentir mejor física y emocionalmente. Los amigos que se ríen cuando están juntos quieren estar juntos. Nosotros nos comprometimos al comienzo de nuestra vida matrimonial a hacer del humor una prioridad. Cargamos con bastante dolor, desde dificultades en la niñez hasta decepciones en la vida adulta. Si quisiéramos, podríamos volvernos locos al enfocarnos en el aspecto negativo de la vida. En nuestra experiencia, enfocarse demasiado en las cosas negativas nunca hace que sean más positivas. Por consiguiente, hemos decidido llenar nuestra vida de razones para reír.

Acostúmbrate a reírte de ti mismo. Nuestras imperfecciones generan bastantes oportunidades de divertirnos de las cosas que hacemos. Cuando yo (Bill) era un joven pastor, estaba tratando de adiestrar a nuestro equipo de alabanza para empezar el servicio con mucha energía. Pero sentía que no estaba transmitiendo bien el concepto, así que decidí unirme al equipo por algunas semanas para demostrar lo que quería decir. Un día subí a la plataforma confiado frente a la congregación y dije con entusiasmo: "Bienvenidos a la iglesia esta mañana. ¡Los invito a ponerse de pie y adorarme!".

Por supuesto que quise decir "adorarlo… lo", pero parece que confundí esas dos últimas e importantes letras. Apenas tenía 29 años, y recién hacía tres meses que estaba en esa iglesia; así que creo que se preguntaron si realmente había querido decir eso. Sabía que había dicho algo malo, porque todos se miraron espantados. Dejé de pensar en lo que acababa de decir e inmediatamente me empecé a reír. El espanto de sus rostros se transformó en risa, y se empezaron a reír conmigo. Intenté empezar el servicio varias veces, pero se me escapaba la risa cada vez que lo intentaba. No pudimos hacer mucho esa mañana, pero fue uno de los servicios más memorables que alguna vez hemos tenido juntos.

Uno de los mejores recuerdos de nuestra luna de miel tiene que ver con nuestra inexperiencia. Celebramos la primera semana de nuestra vida de pareja en un centro turístico de montaña en el mes de diciembre. Éramos jóvenes, estábamos emocionados de estar juntos y entusiasmados con nuestra habitación de hotel muy romántica. La habitación tenía una cama matrimonial supergrande y una hermosa chimenea de piedra. La primera noche, abrimos el regulador de la chimenea y encendimos el fuego. Luego disfrutamos de nuestro romance. Para mí (Bill), la belleza de Pam era realzada por el brillo de las llamas. Pasamos un maravilloso tiempo haciendo el amor y descansando uno en los brazos del otro. Nos fuimos a la cama con la luz de los destellos del fuego que se reflejaban en las paredes.

Nunca se nos ocurrió que aquella no sería una buena idea. El fuego se apagó en algún momento de la noche, pero el regulador siguió abierto. Entonces todo el calor del horno se fue por el conducto de la chimenea. A la mañana siguiente, cuando nos despertamos, nos dimos cuenta de que nuestra habitación estaba congelada.

Pam agarró el cubrecama y corrió por la habitación. Pensé que quería que la persiguiera para poder entrar en calor, así que salí de la cama y corrí tras ella. Para mi sorpresa, se detuvo al otro lado de la habitación, se tapó la cabeza con el cubrecama y lo apoyó en la pared para cubrir la salida del horno. Me deslicé bajo el cubrecama junto a ella para que pudiéramos recibir el aire caliente bajo nuestra carpa improvisada. Tiritamos juntos por un rato hasta descongelarnos y después me aventuré a salir solo lo suficiente para cerrar el regulador. Después de casi dos horas, afrontamos los cero grados centígrados de la habitación para vestirnos e ir a desayunar mientras el horno intentaba descongelar la habitación.

Pasamos una semana en el lago Tahoe, pero el momento que más recuerdo es la mañana que pasamos acurrucados junto a la chimenea riéndonos de cómo habíamos sido presa de nuestro amor en una habitación congelada.

Recopila chistes. No queríamos descansar solo en nuestra habilidad para encontrarle sentido de humor a la vida, así que empezamos a recopilar chistes. Algunos son historias verídicas, otros provienen de miembros de nuestra audiencia, otros nos los envía la gente, e incluso otros los sacamos de libros de chistes, de las historietas de los diarios del domingo o de algún otro lugar en nuestra búsqueda de humor. Este es uno de nuestros favoritos:

> Un niño está sentado junto a su abuelo y le pregunta:
>
> —Abuelo, ¿te puedo preguntar algo?
>
> —Desde luego, Danielito, ¿qué quieres saber?
>
> —¿Cómo se llama cuando una persona se acuesta en la cama sobre otra persona?
>
> El abuelo se puso un poco nervioso. Sabía que su nieto sentiría curiosidad algún día, y no sabía si era el momento de hablar de las realidades de la vida. Pero tragó saliva y tentativamente dijo:
>
> —Bueno, Danielito, se llama relación sexual.
>
> —De acuerdo. Gracias, abuelo —respondió Danielito sin inmutarse. Luego lo abrazó y se fue.
>
> Después de quince minutos, Danielito volvió a la habitación de su abuelo y le dijo:
>
> —No se llama así, abuelo. Se llama dormir en camas marineras, ¡y mamá quiere hablar contigo ahora mismo!

Cuando encontramos un chiste que nos gusta, lo copiamos y lo guardamos en un archivo de nuestra computadora, y nos lo enviamos.

Mantente alerta a los momentos que relajan la tensión. Todos experimentamos momentos en medio de situaciones difíciles, que inesperadamente relajan la tensión y nos provocan risa... si los permitimos.

Una pareja se acercó a uno de nuestros seminarios con una de sus historias verídicas favoritas. Habían estado luchando muchos años contra la infertilidad. Anhelaban ser padres y formar una familia afectiva y sana. Sin embargo, después de años de intentarlo, se sentían atormentados por no tener hijos. Después de evaluar las opciones que tenían, finalmente se decidieron por la inseminación artificial. El esposo sería el donante, y tendrían un médico de confianza que llevaría a cabo el procedimiento.

A medida que se acercaba el gran día, la esposa estaba cada vez más melancólica. Un día, mientras caminaba deprimida por toda la casa, su esposo le preguntó:

—Cariño, ¿qué te pasa? Nos estamos preparando para el embarazo. Pensé que estarías ilusionada.

—Estoy ilusionada con ser mamá, solo que me parece que no debería ser de esta manera. Embarazarse es algo íntimo y debería ser algo apasionante. Lo mío es solo ir a un consultorio médico, donde me realizarán un procedimiento. Y yo quería que fuera... especial.

—Tengo una idea —dijo su esposo—. Te acompañaré al consultorio médico y me pondré a tu lado para susurrarte cosas al oído. En el mismo instante que introduzcan mi esperma, te diré con suspiros seductores: "¡Oh, cariño! ¡Oh, cariño!". ¿Piensas que eso ayudará?

Con risas, ella le dijo que no tenía que hacer eso, pero esas palabras ahora se han convertido en un recurso valioso en sus vidas. Cada vez que enfrentan un momento de tensión, uno de ellos le susurra al otro: "¡Oh, cariño! ¡Oh, cariño!". La risa no resuelve todas las situaciones, pero crea la atmósfera adecuada para ello.

Una amistad que influye

El matrimonio es una sociedad. Ambos tienen conocimiento, sabiduría y experiencia para ofrecer. Han obtenido algún tipo de educación, tienen experiencias de vida significativas y cuentan con instintos para ciertos aspectos de la vida. Si la amistad de ustedes es fuerte, respetarán su mutua contribución a la vida. Aprenderán uno del otro, se escucharán, se acatarán y se guiarán. Se preguntarán de manera natural: "¿Qué consejo podrías darme en esa situación?".

Por lo general, esto les cuesta más a los hombres que a las mujeres. La parte del cerebro de una mujer que monitorea el funcionamiento verbal es más grande que la misma parte del cerebro de un hombre. Por consiguiente, las mujeres analizan más la vida verbalmente y aprenden antes el valor de obtener varias perspectivas. Están mejor predispuestas a considerar diferentes puntos de vista y a cambiar de opinión al recibir información nueva.

Por el otro lado, los hombres son más propensos a simplificar las cosas para lograr fácilmente el éxito. Ellos prefieren tomar decisiones sin mucha deliberación, elaborar un método para seguir con regularidad y evitar las discusiones complicadas. Por lo tanto, el éxito de este aspecto de la amistad depende más del esposo que de la esposa en la mayoría de las relaciones.

Este fue un punto de tensión para nosotros al comienzo de nuestro matrimonio, que ha llegado a ser un área de vital importancia en nuestra amistad. Cuando yo (Bill) estaba trabajando como pastor en el condado de San Diego, a menudo le pedía a Pam que me diera su opinión sobre decisiones que necesitaba tomar en la iglesia. Le describía mi situación y le pedía consejos. Su respuesta la mayoría de las veces era: "Bueno, Bill, sencillo, haz..." o "¿Por qué simplemente no haces...?". No importaba cómo terminaba la frase, porque esas palabras desencadenaban algo en mí que interrumpía por completo la conversación. Yo había pasado horas preocupado por encontrar la mejor medida que tomar. Hasta que llegaba Pam con su "sencillo, haz" y "simplemente" y me hacía sentir que ella era muy insensible o bien que yo era un torpe. Ninguna de las conclusiones era muy buena para nuestra amistad.

Hasta que llegó Pam

Sin embargo, cuando veo el panorama general de las cosas, me doy cuenta de cuánto valoro las contribuciones de Pam a mi vida. Fui criado por una madre dogmática, creativa, controladora y temerosa. Es una mujer increíblemente talentosa, pero el talento queda oculto por el temor. Tiene miedo de relacionarse con las personas y tiene miedo de expresar su creatividad. Las personas creativas necesitan expresarse o acumularán una gran presión dentro de ellas. Mi madre tiene suficiente creatividad para un par de vidas, así que te puedes imaginar cuán intensa era la presión.

Nunca sabía cuándo mi madre sentiría entusiasmo por la vida y cuando brotaría en enojo. Su temor hacía que controlara nuestro entorno hasta el punto de vivir aislados sin interacción social con familiares y amigos fuera de la escuela y el trabajo. Ella protegía el hogar como si fuera una fortaleza y nos insistía en guardar el "secreto familiar". No se nos permitía hablar de lo que sucedía en nuestro hogar con nadie, excepto con ella. Por consiguiente, desarrollé un enfoque muy privado de la vida. Podría haber atravesado mis años de adultez alejado de cualquier influencia significativa, lo cual es una vergüenza al considerar que mi capacidad singular es ayudar a las personas.

Hasta que llegó Pam. Ella también es una mujer dogmática y creativa. Me ha tomado mucho tiempo aceptarlo, porque se dice que los hombres tienden a casarse con mujeres semejantes a sus madres. ¡Esta fue la declaración más terrorífica que escuché en mi vida! Pensé que quería casarme con alguien completamente diferente a mi madre, porque el estrés de vivir con una mujer temerosa y controladora era insoportable. Sin embargo, tengo que admitir que me gustan las opiniones y me gusta la creatividad. Lo bello de Pam es que ella es la mujer menos temerosa que he conocido. Ella creyó en mi talento mucho antes que yo. Siempre identifica las oportunidades para que su talento, mi talento y el talento de cada uno de nuestros tres hijos varones florezcan. Por lo tanto, he vivido una vida mucho más sustancial de la que jamás imaginé cuando era joven.

Acción en la autopista

En 2002 recibimos una invitación a viajar a Alemania y dar una conferencia matrimonial para miembros del ejército y sus esposas. Los soldados acababan de regresar de un periodo de servicio en Irak y estaban en el proceso de reincorporarse en su vida de hogar. Fuimos para ser parte del equipo de integración que ayudaba en la transición. Fue una de las aventuras más gratificantes de las que hemos participado.

Nos alojamos en la casa de Kevin, un veterinario del ejército. Su esposa, Debbie, nos buscó en el aeropuerto y nos llevó hasta su casa conduciendo por la autopista a unos 190 km por hora. Cuando nos detuvimos en la casa, noté que había un reluciente Mini Cooper rojo frente a la puerta.

Esa noche cenamos con la familia, y de manera informal le (Bill) dije a Kevin:

—Oye, vi que tienes un Mini Cooper frente a la puerta de la casa. ¿Cuándo vas a llevarme por la autopista en ese auto?

—Yo te llevo. ¡Será divertido! —dijo repentinamente su hijo de dieciocho años.

¿Por qué abrí mi boca? Había cruzado el océano Atlántico para animar a los soldados y sus esposas, ¡y estaba a punto de poner mi vida en las manos de un conductor adolescente! Aunque sabía que esa no era una idea sabia, no le iba a mostrar a un adolescente de dieciocho años que tenía miedo.

Tan pronto como terminó la cena, mi chófer adolescente dijo:

—Bueno, ¿estás listo?

—Sí, vamos —dije entusiasmado.

No estaba demasiado nervioso hasta que Debbie le dijo:

—A no más de 200 km por hora, porque es su primera vez.

Nos desplazamos por las calles de la ciudad y después tomó por la rampa de subida a la derecha. Cambió de marcha, apretó el acelerador, y el Mini Cooper me tiró para atrás en mi asiento, mientras yo hacía una desesperada oración para pedir protección.

Aceleramos por la autopista de manera impresionante. Escuché el chirrido de los neumáticos solo una vez. Y observé que él conducía a 199 km por hora; pero, debo decir, para mérito de él, que nunca superó los 200 km por hora. Fue uno de los grandes recuerdos de mi vida como hombre.

Estoy convencido de que nunca hubiera tenido esa experiencia si no hubiera estado casado con Pam. Una mujer temerosa no hubiera viajado a Alemania, primero sola, para dar una conferencia para las esposas de los soldados y preparar el camino para regresar juntos. Una mujer temerosa no hubiera dejado que su esposo pusiera un pie en un Mini Cooper conducido por nadie, mucho menos por un adolescente de dieciocho años en aquella autopista. Pero Pam cree en un Dios grande y en su capacidad de tener el control de todos los detalles de la vida. En consecuencia, el temor no determina sus decisiones. Ella cree sinceramente que todo el mundo debería escuchar lo que Dios ha hecho en nuestra vida y lo que nos ha enseñado en el proceso, y si viajar al extranjero, hacer una excursión a pie, navegar ríos o enfrentar a guardias armados es parte del proceso que Dios tiene para nosotros, entonces ella dirá: "¡Sí!". Incluso, de paso, le dice "sí" a un poco de diversión en un Mini Cooper. Su contribución a mi vida ha fortalecido mi capacidad singular más allá de lo que hubiera imaginado.

Traten de conocerse

Para tratar de conocer a tu cónyuge, en *Los siete principios para hacer que el matrimonio funcione*, John Gottman incluye las siguientes preguntas que les ayudarán a evaluar cuánto se conocen uno al otro.

Responde cada declaración con verdadero o falso:

V F Puedo nombrar a los mejores amigos de mi cónyuge.

V F Conozco las presiones que mi cónyuge está enfrentando actualmente.

V F Sé quiénes han estado irritando a mi cónyuge últimamente.

V F Conozco algunos de los sueños que mi cónyuge tiene en la vida.

V F Estoy muy familiarizado/a con las creencias religiosas de mi cónyuge.

V F Puedo resumir la filosofía de vida básica de mi cónyuge.

V F Puedo enumerar los familiares que menos le simpatizan a mi cónyuge.

V F Conozco la música favorita de mi cónyuge.

V F Puedo enumerar las tres películas favoritas de mi cónyuge.

V F Conozco la situación más difícil que mi cónyuge experimentó en su niñez.

V F Puedo enumerar las principales aspiraciones de mi cónyuge.

V F Sé qué haría mi cónyuge si ganara la lotería.

V F Puedo relatar en detalle mi primera impresión de mi cónyuge.

V F Suelo preguntarle periódicamente a mi cónyuge sobre su vida.

V F Siento que mi cónyuge me conoce bastante bien.

__ __ Cantidad total de V/F de las 15 respuestas

RESULTADO: Si respondiste verdadero a más de la mitad, esta es un área de fortaleza en tu matrimonio.[11] Si no sabes la respuesta de al menos la mitad de las preguntas, júntense una vez por semana durante

---

11. Preguntas adaptadas de John Gottman y Nan Silver, *The Seven Principles for Making Marriage Work* [*Siete reglas de oro para vivir en pareja*] (Nueva York: Three Rivers Press, 1999), p. 50. Publicado en español por Plaza & Janés.

algunas semanas específicamente para hablar de estas preguntas. Elijan una de las preguntas por semana y túrnense para expresar lo que piensan. Sean pacientes uno con otro y no tomen este tiempo como sesiones para resolver problemas, donde cada uno le pide al otro que le responda muchos "por qué". Dediquen este tiempo solo a conocerse más.

Encuentren su ritmo

A veces, aprendes las lecciones más importantes de la vida en los momentos menos oportunos. Pam y yo estábamos organizando una excursión en bicicleta para un grupo de adolescentes. Todos éramos inexpertos, así que le pedimos a un ciclista profesional que nos entrenara para la excursión. En una de las sesiones, él hizo el siguiente comentario:

> Cuando anden en bicicleta, busquen el ritmo que les resulte cómodo a cada uno y cambien la velocidad de la bicicleta de tal modo que el pie vaya a ese ritmo. Si van más rápido que el propio ritmo, se fatigarán. Si van más despacio que el propio ritmo, también se fatigarán. La clave es ir al ritmo de cada uno.

Tu propio ritmo es una combinación de la velocidad en la cual te gusta vivir, la magnitud de tus metas y el nivel de influencia que quieres tener. Si te gusta moverte rápidamente, tener grandes metas e influenciar a un gran número de personas, tu ritmo será más rápido. Si te gusta moverte más despacio, prefieres los grupos pequeños o incluso profundizar más e influenciar a un número limitado de personas, tu ritmo será más despacio. Las personas que quieras influenciar también afectarán el ritmo. Si quieres influenciar a la juventud, a los niños o a aquellos que persiguen sus sueños, deberás ir más rápido. Sin embargo, si quieres dejar una huella en los bebés o en las personas de la tercera edad, deberás ir un poco más despacio, a un ritmo que ellos puedan seguir.

Ya sea que tu ritmo sea rápido o lento, igualmente te mueves, tienes metas y estás influenciando a otros. Por lo tanto, el valor de tu ritmo no está determinado por la velocidad. La sociedad necesita personas de todos los ritmos. Tu ritmo es valioso, porque es tu ritmo. Puedes correr a ese ritmo las 24 horas del día y todos los días, sin fatigarte. Si tratas de vivir más rápido o más despacio, terminarás cansado y extenuado.

Como individuo, tienes un ritmo de vida que disfrutas. Como pareja, tienen un ritmo en el cual la relación funciona mejor.

Para algunas parejas, que ambos cónyuges trabajen significa poco tiempo para la relación, por eso prefieren un modelo más manejable de un cónyuge que se quede en la casa o que trabaje allí para poder tener más control de los horarios y las demandas de la vida. En otros casos, a ambos cónyuges les gusta ir a un ritmo rápido, en el cual la magia del romance parece ser el juego de buscar y hacerse tiempo para estar juntos. Y otras parejas prefieren un paseo más errático por la vida. Uno de ustedes podría preferir un ritmo más rápido que el otro, de modo que necesitarán hacer ajustes y compromisos para crear un ritmo de vida en el cual ambos puedan hallar felicidad y contentamiento.

TU RITMO COMO INDIVIDUO

Descubrir tu ritmo es una de las grandes aventuras de la vida. Para ayudarte a descubrirlo, recopila pruebas.

Recopilación de pruebas: Marca las respuestas que mejor terminen cada declaración de ti como individuo. Usen colores diferentes para cada uno de ustedes.

1. Me gusta ir (a) despacio (b) a un ritmo moderado (c) más rápido que los demás (d) violentamente.
2. Me gustan las metas que son (a) fáciles de alcanzar (b) como las de la mayoría de las personas (c) grandes (d) trascendentales.
3. A lo largo de mi vida, quiero influenciar (a) a muy pocas personas (b) a mis familiares y amigos cercanos (c) a un número significativo de personas de mi comunidad (d) a un número más grande de personas en el mundo.
4. Me gusta más mi vida cuando mi ritmo es (a) más lento que el de la persona promedio (b) igual que el de la persona promedio (c) más rápido que el de la persona promedio (d) inalcanzable para la persona promedio.
5. El cielo para mí es (a) la vida en una ciudad despierta las 24 horas (b) el murmullo constante de los suburbios (c) el andar sereno pero de trabajo arduo y constante, propio de una zona rural (d) el paseo silencioso e introspectivo de la vida de las montañas, en

una cabaña o en la tranquilidad de una playa o lago, aislado del mundo.

Basado en tus respuestas, marca la declaración que mejor describe tu ritmo como individuo:

Esposo:

__ Mi ritmo es más lento que el de la persona promedio.
__ Mi ritmo es casi igual al de la persona promedio.
__ Mi ritmo es más rápido que el de la persona promedio.
__ Mi ritmo es violento y sería difícil de seguir para la persona promedio.

Esposa:

__ Mi ritmo es más lento que el de la persona promedio.
__ Mi ritmo es casi igual al de la persona promedio.
__ Mi ritmo es más rápido que el de la persona promedio.
__ Mi ritmo es violento y sería difícil de seguir para la persona promedio.

Tu ritmo como pareja

Si vivieras aislado, podrías ir a tu propio ritmo y disfrutar de tus ocupaciones en total control de tu vida. Sin embargo, Dios nos coloca en relaciones para promover un crecimiento que no podríamos lograr por nosotros mismos. Todos nos casamos porque queremos que alguien nos ame, nos anime y nos enamore. Resulta obvio que gran parte del matrimonio está definido por lo que dice Proverbios 27:17: “El hierro se afila con el hierro, y el hombre en el trato con el hombre”. Queríamos una relación fácil y sin complicaciones, y descubrimos que es difícil y demandante.

Ya no puedes correr a tu ritmo; ahora necesitas descubrir el ritmo como pareja. Si el ritmo como pareja es similar a tu ritmo individual, te encantará. Si es más parecido al de tu cónyuge, tendrás temor de quedar afuera y ser forzado a vivir a un ritmo que no puedes seguir. El temor

Si el ritmo como pareja es similar a tu ritmo individual, te encantará.

puede aliviarse si se toman tiempo para buscar su ritmo juntos. No hay una fórmula instantánea para identificar el ritmo de ustedes como pareja, de modo que deben ser pacientes. Se requiere de tiempo, diálogo, ajustes y curiosidad para descubrir el ritmo que mejor funcione para ustedes como esposo y esposa. Para ayudarlos a descubrirlo, recopilen pruebas:

RECOPILACIÓN DE PRUEBAS

Marquen la respuesta que mejor termina cada declaración de ustedes como pareja.

1. Nos gusta ir (a) despacio (b) a una velocidad moderada (c) más rápido que la mayoría de las parejas (d) violentamente.
2. Nos gustan las metas que son (a) fáciles de alcanzar (b) igual a las de la mayoría de las parejas (c) grandes (d) trascendentales.
3. A lo largo de nuestra vida, queremos influenciar (a) a muy pocas personas (b) a nuestros familiares y amigos cercanos (c) a un número significativo de personas de nuestra comunidad (d) a un número más grande de personas en el mundo.
4. Nos gusta más nuestra vida cuando nuestro ritmo es (a) más lento que el de la pareja promedio (b) casi igual al de la pareja promedio (c) más rápido que el de la pareja promedio (d) inalcanzable para la pareja promedio.

Basados en sus respuestas, marquen la declaración que mejor describe su ritmo como pareja:

- ☐ Nuestro ritmo es más lento que el de la pareja promedio.
- ☐ Nuestro ritmo es casi igual al de la pareja promedio.
- ☐ Nuestro ritmo es más rápido que el de la pareja promedio.
- ☐ Nuestro ritmo es violento y difícil de seguir para la persona promedio.

Una vez que identifiquen su ritmo, tómense la costumbre de hacerse la siguiente pregunta cuando deban enfrentar una decisión como pareja: "¿Nos ayudará esta decisión a seguir manteniendo el ritmo de nuestra vida?".

ABRE EL CANDADO DE TU AMOR

Cena y diálogo para una comunicación de corazón a corazón

Hablen de cómo sería un "verdadero día de descanso" para cada uno de ustedes. Hagan un plan de 24 horas y expliquen por qué lo disfrutarían. Después de que hayan hablado los dos, elijan un fin de semana donde cada uno de ustedes pueda vivir su plan de 24 horas. Puede que tengan que adaptar sus planes para que se ajusten a los recursos disponibles o días libres en su agenda, pero coloquen el fin de semana en la agenda para que puedan guardar esa fecha.

5

Cómo resolver los conflictos

"El fruto del Espíritu es... paz...".

El conflicto es una parte común a toda relación íntima. Todos abrigamos el pensamiento de que deberíamos llevarnos bien con la persona que ha cautivado nuestro corazón, ya que hay algo especial entre nosotros. Aunque la mayoría de las veces esto es cierto, es casi imposible unir nuestra vida a la de otra persona y no tener grandes desacuerdos. A medida que los cónyuges recorren juntos el camino de la vida, se irritan uno a otro y se retan mutuamente a escudriñar lo profundo de su corazón para descubrir lo que en verdad les importa.

Sin embargo, es posible resolver los conflictos y dar importancia a la relación. Los conflictos siempre los harán sentir mal, pero si los manejan bien como pareja, darán importancia y significado al matrimonio. También les harán recordar que tienen pasión por el matrimonio. Les harán recordar que algunos asuntos revisten tal envergadura que merecen un profundo interés. Les harán recordar que cada uno de ustedes tiene influencia en la vida del otro.

Antes de hablar de cómo manejar el conflicto, veremos las razones por las que cada relación íntima experimenta tensión. Hay una gran cantidad de desencadenantes que hacen aflorar los conflictos en el matrimonio.

¡No quiero parecer un tonto!

Eres totalmente consciente de las incongruencias que hay en ti, porque vives con ellas todos los días. Has aprendido a contrarrestarlas, pero haces lo imposible para mantenerlas en secreto. Cuando quedan expuestas por las acciones de tu cónyuge, te hacen sentir vulnerable e inseguro/a. Si afloran mientras estás en una reunión social y tu cónyuge responde de manera insensible, te sientes doblemente vulnerable. Pensamos que el problema es con la otra persona, pero en realidad, ella es solo el espejo que expone las incongruencias que cada uno tenemos. Tú quieres ser un buen cónyuge, pero tienes miedo de no poder suplir las necesidades de tu pareja. Quieres ser muy productivo para mantener a tu familia, pero tienes miedo de que tu trabajo no sea tan bueno. Quieres que tu relación sea excelente, pero eres demasiado consciente de las cosas que dices y haces, las cuales te hacen sentir incompetente. Tienes miedo de hacer el ridículo.

> Eres totalmente consciente de las incongruencias que hay en ti, porque vives con ellas todos los días.

Dado que tu cónyuge está más cerca de ti que cualquier otra persona, su opinión de ti (o percepción de ti) tiene la capacidad de causar más placer y más irritación que la opinión de cualquier otra persona en el mundo.

Estoy aburrido

Algunos conflictos que surgen en tu matrimonio son resultado del aburrimiento. Si bien no están enojados, no hay tanto entusiasmo entre ustedes. Considera la pareja de Miguel y Marta Modernos. Se conocieron a través de un sitio de Internet. Les gustó esta propuesta, porque las encuestas que completaron y las herramientas de diagnóstico que utilizaron les ayudaron a definirse y definir qué estaban buscando en una pareja. Sus respuestas fueron tan similares, que hubo una atracción instantánea solo al leer uno acerca del otro. A medida que empezaron a intercambiar correos electrónicos, la atracción siguió creciendo. Ambos se sorprendieron por las similitudes en el estilo de sus mensajes, la coherencia de sus preferencias y lo armoniosas que parecían sus convicciones.

Después de algunos meses de marchar sobre ruedas, decidieron que era tiempo de encontrarse cara a cara. Miguel viajó a la ciudad de Marta para tener un encuentro que parecía prometedor (aunque estaba temeroso). Al igual que el resto de la relación, ese fin de semana fue muy bueno. La atracción fue instantánea y fuerte. Ambos supieron, después de encontrarse cara a cara, que esa era la pareja que estaban esperando. A los tres meses se comprometieron, y al año de haber tenido su primera conversación por correo electrónico contrajeron matrimonio.

Con este comienzo mágico, Miguel y Marta creían que tendrían un matrimonio sumamente gratificante. Pensaban que no tendrían problemas para tomar decisiones, porque concordaban en muchas cosas. Nunca lo verbalizaron, pero esperaban que su relación fuera casi perfecta. Después de todo, se sintieron atraídos porque eran muy parecidos.

La realidad es un poco diferente

La realidad fue un poco diferente a lo que esperaban y aspiraban Miguel y Marta. Miguel es un hombre introvertido que disfruta de estar solo. Cuando tiene tiempo libre, prefiere quedarse solo para hacer ejercicio, cortar el césped o jugar con sus aparatos electrónicos. Marta es una mujer extrovertida que disfruta de estar con gente. Cuando tiene tiempo libre, prefiere buscar reuniones sociales donde pueda participar de conversaciones inspiradoras y hablar de historias de la vida. Si bien no es un problema grave, casi cada vez que tienen un tiempo libre terminan frustrados. Miguel tiene miedo de ceder a la presión de Marta, porque siente que terminará hastiado de tener que participar de constantes reuniones sociales. Marta tiene miedo de ceder a la presión de Miguel, porque tiene miedo de aburrirse por el resto de sus vidas.

Además, Miguel y Marta están comprometidos con sus profesiones. Son profesionales que han trabajado duro para obtener una posición de influencia y seguridad. Ambos están dispuestos a hacer lo que sea necesario para tener éxito en la carrera que eligieron. Por lo general, trabajan hasta tarde y tienen que responder espontáneamente a las dificultades que surjan.

Sincronizar sus horarios es una de las peores luchas. Miguel se sorprende por el enojo que brota de su corazón cuando Marta le pide que ajuste sus horarios a las exigencias de sus propios horarios. Él sabe que no debería tener una respuesta extrema con la mujer que ama, pero el temor de no poder atender su profesión se desencadena en él y parece ser implacable.

Marta se sorprende de cuánto se ofende cuando Miguel le pide que se ajuste a sus horarios. Ella piensa que posiblemente debería confiar más en él, pero sus pensamientos y emociones son tan instantáneos que parece no poder pensar detenidamente en el asunto. Ella tiene miedo de que Miguel sofoque su carrera en pro de sus propias necesidades.

Al parecer no pueden encontrar una solución al asunto, así que hacen lo imposible para ignorar la corriente oculta de irritación. Ya no hablan mucho al respecto. En cambio, silenciosamente, protegen sus horarios y esperan que algún día mejore la situación.

La vida entre los dos se ha vuelto pragmática. Les va bien cuando hablan de las responsabilidades del hogar y las actividades de la semana. Las finanzas están en orden. Sus responsabilidades en el hogar están claramente definidas, y se toman unas vacaciones al año. Para su decepción, la comunicación entre ellos también se ha vuelto pragmática. No se sienten libres de abrirse y hablar de sus esperanzas y sus sueños, sus decepciones y desacuerdos. Cada uno se coloca una buena coraza para que la pareja pueda funcionar bien, pero no experimentan la intimidad que pensaron que sería fácil en su relación. No saben cómo llegaron a eso, pero ahora ambos mantienen las cosas a un nivel superficial. Aunque parezca raro, tienen miedo de fallarse mutuamente si se abrieran demasiado.

No están enojados, sino solo aburridos. La relación mágica y emocionante que parecía tan fácil de alcanzar cuando eran novios ha desaparecido, y no entienden por qué ni cómo pasó.

Si crees que los demás no te tienen en cuenta, protegerás tu vida y harás demandas para que tus seres amados te tengan en cuenta. Ya no podrás servir o hacer un sacrificio por aquellos que más te necesitan. Ladrillo a ladrillo, este mecanismo de autoprotección levantará una pared entre ustedes.

Momento decodificador: ¡Terminen con el aburrimiento! Cada uno responda esta pregunta: ¿Qué idea te gustaría intentar, a qué lugar te gustaría ir o qué experiencia te gustaría tener fuera de tu rutina diaria (pero que no sea inmoral o ilegal)?

Desencadenantes del pasado

Otra razón por la que existe el conflicto en el matrimonio típico es que a veces cada cónyuge provoca una reacción dolorosa del pasado en el otro. Podrían estar relacionadas experiencias de la niñez o del comienzo de la vida adulta. De cualquier manera, se desencadenan por algo que uno de los cónyuges dice o hace, que produce dolor en el otro. Estos conflictos tienden a ser un poco raros, porque son reacciones a asuntos del pasado, no del presente. De repente, no te sientes seguro y te pones en acción para protegerte. Cuando sientes que el peligro es inminente, usas la lógica, los arrebatos, el comportamiento irracional y cualquier otra táctica que te haga sentir que estás fuera de peligro.

Mientras escribía este libro, (Bill) pasé un momento con mis padres. Mi papá tiene algunos problemas físicos graves como consecuencia de un derrame cerebral que tuvo a los cuarenta y tantos años, y yo estaba en su casa para llevarlo a su cita médica. Mi papá tiene movimientos lentos y torpes, pero puede arreglarse solo. Se viste solo, camina con un bastón, y puede entrar y salir del automóvil. Sin embargo, mi mamá siempre está encima de él como una niebla espesa. Tiene miedo de que necesite ayuda y que se lastime si no tiene a alguien cerca. Acepto que esto es importante para mi mamá y que ella ha elegido vivir de esta manera.

Sin embargo, me sorprende cómo me enojo cuando ella trata de pasarme sus temores. Se le puso en la cabeza que tengo que practicar con mi papá, y ayudarlo a entrar y salir del auto y acompañarlo desde el auto hasta un establecimiento. Sé que mi papá no necesita esta clase de ayuda. Y, aunque la necesitara, pienso que tengo la capacidad de ayudarlo sin practicar de esta manera. Por otro lado, mi padre ha decidido acceder a los caprichos de mi madre.

Decidimos ir a un restaurante para nuestra sesión de práctica y llegamos antes que abrieran, así que estacioné en un espacio con sombra para esperar. Mi plan era mover el automóvil hasta un lugar para discapacitados tan pronto como el restaurante abriera, y luego hacer nuestra sesión de práctica. Traté de explicarle eso a mi mamá, pero ella descartó mi sugerencia para imponer sus planes. Mi papá dijo que deberíamos seguir los planes de ella.

De manera adulta, ¡salí del automóvil y cerré la puerta de un golpe! Por lo general, soy un hombre pacífico y fácil de conformar, pero al parecer tengo un gran botón rojo que está al acceso de mi madre. Me he esforzado para perdonarla por las cosas que ha hecho, las cosas que ha dicho y la influencia negativa que ha tenido sobre mi vida. Todavía estoy en el proceso.

Dichosamente, hoy día el comportamiento rebuscado de mi madre no abre paso a la oleada de heridas del pasado como lo hacía antes. Ahora el aguijón de sus exigencias no tiene un efecto duradero. Reconocí que debía haber elegido otra respuesta, así que hice un alto inmediatamente después de cerrar la puerta y me quedé parado al lado del automóvil por un momento. Pensé: *Respira hondo. Cálmate. Búscale el lado gracioso. Una pequeña mujer con una larga lista le saca de quicio a una persona que está escribiendo un libro sobre cómo vencer el temor. No perjudica a nadie ni a nada seguir su plan infectado por el miedo. Puedes volver a casa esta noche, a un hogar centrado en el gozo, no en el temor, y volver a la vida normal. Esto no durará mucho, y ella ya no tiene control sobre tu vida.*

Ella no es mi madre, pero...

Me encantaría decirte que nunca proyecto estas reacciones en Pam, pero sabrías que no es verdad. Hice lo imposible por dejar atrás la influencia negativa de mi madre, pero tengo algunas reacciones que parecen ser una lucha que durará toda la vida. Pocas cosas en el mundo pueden provocarme tanto como una mujer que no me parece coherente. Esto le pone mucha presión a Pam en que sea lógica y coherente en sus pensamientos. Intelectualmente, sé que esto no es justo para ella, de modo que decido seguir creciendo lento pero firme en esta característica.

No mucho después de mi reacción a "ella no es coherente", viene mi reacción "me dejó fuera de una importante decisión". Mi mamá controlaba empecinadamente la mayoría de las decisiones de nuestra familia en un intento por calmar sus temores. Recuerdo pensar que no importaba lo que yo creyera sobre algo, porque lo ignoraría debido a su necesidad de controlar todo. Como adulto, estaba determinado a no permitir que otros tomaran decisiones importantes por mí. Bien, Pam es una mujer segura para tomar decisiones. Me sentí atraído a ella porque era fuerte y manifestaba sus opiniones con elocuencia. Sé que no sería justo que la forzara a consultarme antes de tomar una decisión. Por eso, a veces me esfuerzo para no guardar resentimiento por alguna decisión que ella ha tomado y que pienso que debió haberme consultado.

Estas son respuestas que traje conmigo a mi matrimonio. Residen dentro de mí y afloran cuando son provocadas por acciones de Pam. Es fácil culparla por estas cosas, porque ella es la que las hace aflorar, pero no es la causante. Aunque ella cambiara, la reacción seguiría residiendo dentro de mí a la espera de que algún estímulo la provoque.

> **Momento decodificador:** Cada uno comente un incidente del pasado (de antes de casarse) que sigue provocando emociones en el matrimonio. Describan lo que sucedió y cuándo sienten que afloran esas emociones en el presente. No traten de resolver ese problema, solo expresen que valoran que el otro dé a conocer su emoción personal.

Desacuerdos sinceros

Una de las razones más comunes por las que los cónyuges discuten es porque discrepan sinceramente por algunas decisiones importantes para ambos. Podría involucrar a sus hijos, sus finanzas o sus horarios. Es sorprendente cuando están de acuerdo, porque es como si estuvieran en el mismo equipo, trabajando en pos de las mismas metas. Es muy doloroso cuando están en desacuerdo, porque se trata de la pareja en la vida, y esas decisiones suponen cosas muy valiosas para cada uno.

A un hombre le preguntaron cuál era el secreto de sus cincuenta años de armonía en el matrimonio, y él respondió: "Cuando mi esposa y yo nos casamos, acordamos que ella tomaría todas las decisiones menores y yo, las decisiones importantes. Hasta ahora, no hubo decisiones importantes".

> Tu cónyuge ejerce una fuerte influencia en ti; por eso se casaron y por eso tienen conflictos.

Pam y yo estábamos en un concesionario de automóviles para comprar nuestra primera minivan. Nuestra familia había crecido, y éramos cinco, de modo que necesitábamos un vehículo familiar funcional. Después de encontrar lo que queríamos, nos acompañaron hasta una oficina para hablar de las opciones que teníamos. Mi idea era tener cuidado de no comprometernos a pagar una mensualidad alta. Y acordamos por adelantado que yo estaría a cargo de la negociación.

La mujer que nos estaba atendiendo empezó a mostrarnos opciones para la minivan.

—Podemos colocar un sistema de alarma que cierre y abra las puertas del vehículo mediante un control remoto. También pueden presionar un botón y localizar su vehículo en un estacionamiento repleto de autos si se olvidaran dónde estacionaron.

—¡Oh, es genial! Yo quiero eso —dijo Pam sorpresivamente.

¡Mucho para negociar! Fue un momento frustrante, porque pensé que sería yo quien tomaría la decisión, pero en el entusiasmo del momento, Pam terminó por tomar el control.

Después nos alegramos por la compra de nuestro nuevo vehículo y discutimos por el proceso y el resultado de esa operación. Yo sentía la necesidad de expresar mi frustración, aunque sabía que ya no podía solucionar nada. Tuve que limitarme a apreciar la espontaneidad y el entusiasmo de Pam una vez más. (Pero la siguiente vez que compramos un vehículo, Pam dijo: "Bill, te amo y confío en ti. Este es el tipo de vehículo que me gustaría y el estimado parece muy bueno. ¡Pero esta vez, por el bien de nuestra economía, me quedaré en casa y dejaré que tú hagas la negociación!").

Pam y yo tuvimos dificultades a la hora de comprar una camioneta para uno de nuestros hijos. Este hijo en particular tiene una personalidad parecida a la de Pam, así que ella tiene un fuerte instinto con respecto a sus necesidades. Como te imaginarás, mi función en la familia es recordarles a todos que tenemos que ser prudentes a la hora de perseguir ambiciosamente nuestras metas. Esto preparó el terreno para una discusión muy tensa.

—Pienso que deberíamos convencer a nuestro hijo de comprar una camioneta más pequeña que consuma menos combustible —dije con convicción—. Él tendrá esta camioneta mientras vaya a la universidad y, probablemente, en los primeros años de su matrimonio. Sería mejor que consumiera menos combustible.

—Lo sé, pero él tuvo un año difícil y está desanimado —dijo Pam—. Ya se hizo la idea de que tendrá esta camioneta, y sé que se desilusionará si no hacemos esto por él.

—¿Quieres decir que sus necesidades emocionales son más importantes que una lógica financiera? —le pregunté pensando que esto convencería a Pam de que yo tenía razón.

—Esto tiene que ver con su motivación. Si se desilusiona, no le irá bien en la universidad. Si sus calificaciones son malas, no tendrá éxito en su carrera, y no creo que pueda vivir con esa carga —dijo Pam con igual convicción.

Tuvimos esta misma conversación de muchas maneras, pero fue en vano. Finalmente, nos reunimos con más tiempo para poder escribir nuestros pensamientos sobre la compra. Entonces tomamos la lista y le otorgamos prioridad a nuestros pensamientos. Los de suma importancia recibieron una prioridad A. Los de mediana importancia recibieron una B. Los pensamientos que se nos ocurrieron por nuestra creatividad recibieron una C. En esa reunión, finalmente concluimos que la motivación de nuestro hijo y la posibilidad de llevar sus equipos deportivos (ya que formaría parte de un equipo deportivo universitario) eran los factores más importantes. Basados en ello, nos inclinamos por la camioneta más grande. ¡No hace falta que describa el entusiasmo de nuestro hijo!

La fuerte influencia de tu cónyuge

Tu cónyuge ejerce una fuerte influencia en ti; por eso se casaron y por eso tienen conflictos. Tu cónyuge tiene más influencia en ti que ninguna otra persona en este mundo. Al mismo tiempo, te frustras más con tu cónyuge que con cualquier otra persona. Ambas reacciones suceden porque se han abierto el corazón uno a otro y se han colocado en una posición de vulnerabilidad mutua. El temor se desarrolla de manera sutil:

1. Estás fascinado con la manera en que tu cónyuge ve la vida. Si eres un Pacificador, te sorprenderá cómo pueden ir al frente con tanta autoridad los Decididos. Si eres un Inspirador, te sorprenderá lo organizados que son los Estrategas, y así sucesivamente.
2. Decides confiarle alguna área de la vida a tu cónyuge y comprometerte a seguir su consejo.
3. Le comentas tu opinión a tu cónyuge sobre esta área de la cual él o ella es responsable. Puesto que es tu opinión, piensas que es una idea bastante buena.
4. Tu cónyuge descarta tu idea porque no concuerda con su estilo.
5. Empiezas a preguntarte si a tu cónyuge le interesa tu opinión.
6. El pensamiento de que tu cónyuge no tomará en cuenta tu perspectiva se convierte en temor de no poder participar de las decisiones que él o ella tome en el futuro.
7. Si no se resuelve ese asunto, el temor desgastará la confianza entre

ustedes, ya que tú proteges la posibilidad de ser incluido en las decisiones de la vida que consideras importantes.

CONFLICTOS EXITOSOS

Asume la responsabilidad

El primer paso para resolver un conflicto es *asumir la responsabilidad de tu parte en la relación.* Decide qué harás *tú*, ya que solo sobre esto tienes control. Si te enfocas en cambiar a tu cónyuge para poder sentirte seguro, perderás el control de tus emociones y pensamientos. Colocarás tu bienestar en las manos de aquel que amas. Tu pareja podría amarte inmensamente, pero no es capaz de borrar los problemas, porque estos residen dentro de ti. Solo tú puedes asumir la responsabilidad por las inquietudes que te impiden amar.

El primer paso para resolver un conflicto es asumir la responsabilidad de tu parte en la relación. Si te enfocas en cambiar a tu cónyuge para poder sentirte seguro, perderás el control de tus emociones y pensamientos.

Una vez que tus reacciones estén bajo control, interpretarás de otra manera las respuestas de tu cónyuge hacia ti. En vez de verlas como una amenaza, las verás como una expresión de las inseguridades y necesidades de tu cónyuge. Podrás ocuparte de tu crecimiento mientras confías que Dios obrará en el crecimiento de tu cónyuge. Cuando tus reacciones hacia tu cónyuge están libres de temor, la relación crece de tu lado. Si las respuestas que recibes están libres de temor, habrán podido transformar el conflicto en otro recordatorio de cuán enamorados están.

Aceptemos el hecho de que no somos perfectos. Hagamos todo lo que podamos para aplicar el siguiente pensamiento a nuestros desacuerdos. Imaginemos que Dios nos dice: "Yo soy Dios, así que tengo el control. Solo quiero tu bien. Te amo, de modo que puedes optar por gozarte y ser libre para volver amar. ¡No necesitas proteger tu territorio, yo estoy protegiendo tu corazón y tu vida para que puedas amar!".

Sé paciente

El segundo paso para resolver los conflictos es la *paciencia.* Si crees que a tu cónyuge no le interesa tu opinión o sientes que la vida cambiará sin tu permiso, serás tentado a tomar las cosas en tus propias manos en vez de esperar que Dios dirija tu vida y tu matrimonio. Como individuo, la paciencia es la disposición a esperar hasta ver lo que Dios va a hacer en tu vida. Como cónyuge, la paciencia es el compromiso a trabajar en tu crecimiento mientras esperas que Dios haga los cambios que consideras necesarios en la vida de tu cónyuge.

Has iniciado una relación duradera que no depende de la resolución instantánea de todos tus problemas. Algunos conflictos pueden resolverse rápidamente, mientras que otros podrían llevar un tiempo. Sería bueno que a los problemas más grandes de tu matrimonio les dieras el tiempo necesario para que se resuelvan por sí mismos sin entrar en un estado de pánico.

Algunas de las mejores cosas llegan a nuestra vida al esperar. Considera estas frases de la Biblia concernientes al valor de esperar:

- Esperar nos da fuerza. El Salmo 27 empieza con una declaración de aliento basada en la relación con Dios: "El SEÑOR es mi luz y mi salvación; ¿a quién temeré? El SEÑOR es el baluarte de mi vida; ¿quién podrá amedrentarme?" (v. 1) y termina con una declaración de esperanza: "Pero de una cosa estoy seguro: he de ver la bondad del SEÑOR en esta tierra de los vivientes. Pon tu esperanza en el SEÑOR; ten valor, cobra ánimo; ¡pon tu esperanza en el SEÑOR!" (vv. 13-14).
- Esperar nos da esperanza. "Pero el SEÑOR cuida de los que le temen, de los que esperan en su gran amor… Esperamos confiados en el SEÑOR; él es nuestro socorro y nuestro escudo. En él se regocija nuestro corazón, porque confiamos en su santo nombre (Sal. 33:18, 20-21).
- Esperar nos prepara para el éxito: "Pero tú, espera en el SEÑOR, y vive según su voluntad, que él te exaltará para que heredes la tierra…" (Sal. 37:34).
- Esperar nos adiestra a escuchar a Dios. "Yo, SEÑOR, espero en ti; tú, SEÑOR y Dios mío, serás quien responda" (Sal. 38:15).
- Esperar nos hace más firmes. "Puse en el SEÑOR toda mi esperanza… puso mis pies sobre una roca, y me plantó en terreno firme" (Sal. 40:1, 2).

- Esperar nos aleja de la venganza. "No digas: 'Me voy a vengar de este mal'; espera que el Señor se ocupe del asunto" (Pr. 20:22 NTV).
- Esperar nos ayuda a experimentar la compasión de Dios. "Por eso el Señor los espera, para tenerles piedad; por eso se levanta para mostrarles compasión. Porque el Señor es un Dios de justicia. ¡Dichosos todos los que en él esperan! (Is. 30:18).
- Esperar nos ayuda a no ser cortos de miras. "Por lo tanto, no juzguen nada antes de tiempo; esperen hasta que venga el Señor. Él sacará a la luz lo que está oculto en la oscuridad y pondrá al descubierto las intenciones de cada corazón. Entonces cada uno recibirá de Dios la alabanza que le corresponda" (1 Co. 4:5).

Esperar es estar activo

A muchas personas no les gusta esperar, porque piensan que es una experiencia pasiva. Esperamos sin hacer nada, mientras esperamos que Dios haga algo. La buena noticia es que esperar es un pasatiempo activo. Considera los pasos activos que forman parte de esperar, que se encuentran en el Salmo 37:

- Ocúpate de tus responsabilidades actuales (v. 3).
- Disfruta de tu relación con Dios (v. 4).
- Establece metas, haz planes y encomiéndalos al Señor (v. 5).
- Busca cumplir tu propósito y combate la tendencia a comparar tu vida con la de otros (v. 7).

Una de nuestras llamadas telefónicas favoritas que ilustra la importancia de ocuparse de nuestras responsabilidades actuales es la del conductor de un camión. El mensaje decía algo como lo siguiente:

> Solo estaba llamando para agradecerles por escribir el libro *Los hombres son como waffles, las mujeres como espaguetis.* Lo compré en la ruta I-90, en una parada de camiones. También quería contarles algo bueno que hice. Yo era un hombre malo. Era un mentiroso y un tramposo, y antes de dejar

a mi mujer, ella me echó. Empacó mis cosas y me dijo que ni me molestara en volver a casa.

Pero compré el libro de ustedes y leí algunas cosas que me parecieron totalmente sensatas. Leí la parte donde dicen que si le damos el corazón a Dios, Él puede arreglar las cosas.

> La buena noticia es que esperar es un pasatiempo activo.

Bueno, nunca había estado en una iglesia, pero llamé a mi mujer y le dije: "Amada esposa, he sido un hombre malo y un imbécil. Lo que te hice estuvo muy mal, y te ruego que me perdones. Cariño, compré este libro porque escuché a los autores hablar por la radio, y ellos dijeron que si vamos a la iglesia, quizá Dios nos ayude y podamos empezar de nuevo. Sé que no merezco otra oportunidad, pero voy a orar para que me des una".

Bueno, mi amada esposa me dijo que podía volver a casa, así que solo estaba llamando para darles las gracias y decirles que el domingo iremos a la iglesia para que oren por nosotros.

Esperar nos prepara

Esperar es una de las habilidades más estratégicas de la vida, porque forma en nosotros el carácter que necesitamos para alcanzar nuestros mejores logros y nos posiciona para estar en el lugar correcto a la hora correcta. Al mirar atrás, o nos alegraremos por haber esperado o nos lamentaremos por no haberlo hecho.

Sin embargo, en medio de la vida, esperar parece una tortura. Nos frustramos cuando no podemos hacer que las cosas sucedan más rápido y empezamos a sentir que somos víctimas de la vida, en vez de vivir como vencedores. Es demasiado fácil llegar a la conclusión de que nada sucederá o que sucederá lo que no queremos, si no intervenimos y hacemos algo.

En realidad, la espera nos prepara para nuestros momentos más importantes. Dios sabe cuándo hemos desarrollado el carácter y las habilidades necesarias para la siguiente aventura, por eso nos hace esperar. Nosotros pensamos que ya estamos preparados, entonces nos damos prisa. Dios sabe cuándo las circunstancias de la vida están listas para nuestra contribución, por eso nos hace esperar. Nosotros llegamos a la conclusión de que las circunstancias se mueven demasiado lentamente, entonces nos damos prisa. Dios sabe cómo reaccionamos ante las acciones de los demás, por eso nos hace esperar. A nosotros nos preocupa mucho el resultado de nuestra vida, entonces nos damos prisa. Pero nuestra impaciencia se opone a lo que Dios trata de hacer a través de nosotros.

Esto es especialmente cierto en nuestros matrimonios. Tú eres muy consciente de lo que debes cambiar en tu vida, pero tienes paciencia porque sabes que algunas cosas necesitan tiempo para mejorar. También eres muy consciente de lo que debe cambiar tu cónyuge, pero eres impaciente porque sus defectos te estorban. Quieres que cambie rápidamente para que tu vida pueda ser como quieres que sea. Al mismo tiempo, quieres que sea paciente contigo para que puedas crecer en un medioambiente seguro. El objetivo es ser paciente con tu cónyuge como lo eres contigo.

Dios sabe cuándo hemos desarrollado el carácter y las habilidades necesarias para la siguiente aventura, por eso nos hace esperar.

Elige un plan

El paso final para resolver un conflicto en tu matrimonio es *elegir un plan y seguirlo como pareja*. Cuando te enfrentes a un problema, elige una de las siguientes estrategias:

La estrategia de la planificación

Programen una salida para hablar de la razón del enojo entre ustedes. Los conflictos casi siempre son sumamente emocionales. Tu cónyuge es la única persona del mundo con la cual compartes todo. Tus finanzas, tus emociones, tu cuerpo, tu agenda social y tus sueños están todos vinculados a esta persona a la que le dijiste: "Sí, quiero". En consecuencia, cuando tienen un desacuerdo, afloran fuertes emociones con el potencial de apoderarse de la discusión. Esto se complica más por el hecho de que los hombres tienden a sentirse desbordados por fuertes emociones y a bloquearse como un mecanismo de defensa. Cuando esto sucede, a menudo las parejas no pueden llegar a ninguna conclusión, porque sus emociones se apoderan de la conversación y anulan su lógica. Programar una reunión les da la oportunidad de preparar su corazón y sus pensamientos para poder hablar del desacuerdo.

Antes del encuentro, escriban el problema según lo entienda cada uno. Tengan presente que el problema "actual" no siempre es el verdadero problema, pero tienen que empezar por algo. Si pueden aclarar sus pensamientos sobre el desacuerdo sin reaccionar uno contra otro, tendrán una mejor posibilidad de resolver la situación.

En la reunión, sigan los pasos siguientes para RESOLVER el problema:

- *Buscar juntos a Dios.* Oren juntos y pídanle a Dios que les dé sabiduría para resolver el problema.
- *Iniciar el diálogo.* Decidan quién va a hablar primero. Hay varias maneras de manejar esto. Por ejemplo, pueden elegir un objeto para pasarse uno a otro y el que tiene el objeto en sus manos tiene la palabra. Al que no le toque hablar se limitará a escuchar. Cuando uno de ustedes termine de hablar, pasará el objeto al otro cónyuge y será su turno de hablar, y el que antes habló, ahora deberá escuchar. También pueden elegir una pelota pequeña que harán rodar hacia uno y otro con la frase: "La pelota está en tu cancha". Incluso pueden usar un papel que sostendrán por turno y así podrán estar "sincronizados". Estas son herramientas simples que les ayudarán a seguir el hilo de la conversación y mantener sus emociones bajo control. Sigan hablando hasta que sientan que el clima entre ustedes se ha calmado.
- *Profundizar un poco más.* Después de que ambos hayan hablado lo suficiente, pregúntense: "¿Cuál piensas que es el verdadero problema?". Podría ser el problema del que estuvieron hablando o podría ser otro. Podría ser una reacción a un hecho del pasado o algo que les causa temor. También es posible que haya tensión en sus vidas y que ambos estén proyectando esa tensión en el otro. O quizá uno de ustedes esté enojado con el otro por la característica que predomina

en sus vidas. Uno podría haber tomado una decisión sin el consentimiento del otro o hecho un compromiso social en el cual el otro no se siente cómodo.

- *Verificar las opciones.* Una vez que hayan identificado el problema verdadero, hablen y busquen posibles soluciones. Hemos descubierto que es mejor escribir las ideas que se nos ocurren en vez de confiar en nuestra memoria. Si una de las ideas se convierte en una solución obvia y ambos están de acuerdo, hagan el compromiso de llevar a la práctica esa idea. Esto les dará un día o dos para considerar las ideas que pensaron. Puesto que las emociones tienen altos y bajos en su intensidad, el tiempo les ayudará a pensar en una solución cuando sus emociones disminuyan.
- *Llegar a una respuesta.* Vuelvan a reunirse en un día o dos para hablar y buscar una solución. Sean pacientes en este punto. En realidad, algunos problemas no tienen solución. Puede que tengan un hijo con necesidades especiales que regularmente produce tensión entre ustedes. Puede que hayan tenido problemas financieros de los cuales les costará años recuperarse. Puede que hayan enfrentado un problema de salud que los ha obligado a cambiar el estilo de vida. Podrán ajustarse a estas situaciones estresantes, pero en realidad no encontrarán una solución. Aunque busquen la manera de crecer juntos mientras viven un estilo de vida no convencional, en realidad nunca regresarán a una vida normal. Mientras atraviesan esa situación, descubrirán lo profundo que es su amor, lo cual es la recompensa por recorrer juntos el camino de la vida.

La estrategia de la espontaneidad

Para que dé buen resultado, esta estrategia requiere más dominio propio y capacidad para las relaciones interpersonales. Con esta estrategia, se enfrentan los problemas a medida que surgen. No se espera, no se reprograma y no se les da tiempo para recuperar la compostura. Solo enfrentan el problema y tratan de llegar a la raíz que lo causa. Hay algunas habilidades que les ayudarán en esta estrategia:

- *Resguardarse.* Hablen en "primera persona" en vez de hablar en "tercera persona". Es fácil escribir acerca de esto y decir que haremos esto cuando estamos tranquilos, pero es muy diferente cuando estamos enojados. Hablar en "tercera persona" suena a acusaciones cuando está mezclado con emociones negativas. "Tú hiciste esto", "eres desconsiderado", "eres egoísta" podrían ser afirmaciones certeras, pero suscitarán rápidamente respuestas defensivas en el otro. La habilidad de los cónyuges para hablar en "primera persona" determinará la posibilidad de obtener un resultado exitoso en estas conversaciones. "Me sorprendió lo que pasó", "estoy muy enojado por esta situación", "me alarmé cuando pasó esto y reaccioné muy mal" son afirmaciones que no eluden el tema y le dan al otro la oportunidad de responder sin ponerse a la defensiva.
- *Investigar.* Tómense tiempo para aliviar la tensión al describir cuál creen que es el problema. El propósito de esta fase es disminuir la intensidad del clima emocional entre ustedes. Pregúntense: "¿Cuál es el verdadero problema que estamos enfrentando?". Igual que en todos los conflictos, el objetivo es identificar el problema que provoca la reacción de ustedes para que puedan encontrar una dirección positiva para seguir.
- *Identificar.* Aporten ideas que traigan una solución. Identifiquen verbalmente posibles maneras de abordar el conflicto. Tómense tiempo suficiente para explorar soluciones posibles que no eran claras en el fragor del momento.
- *Iniciar.* Comprométanse a llevar a cabo una estrategia basada en sus conclusiones.
- *Interrelacionarse.* Antes de finalizar el diálogo, traten de descubrir qué les atrae uno de otro, lo cual ha causado el desacuerdo. La razón por la que discuten tan fuertemente es el vínculo emocional que hay entre ustedes. Cada uno es muy atractivo para el otro, y cuando el lado oscuro de estas características atractivas se manifiesta, genera una fuerte respuesta negativa. Dado que estas respuestas negativas están ligadas a

las cosas que les atraen del otro, pueden cambiar fácilmente y ser positivas. Por eso "hacer las paces mediante el sexo" es una experiencia común para los cónyuges. Ambos están enojados, discuten por ese problema, llegan a una conclusión y luego, de repente, vuelven a descubrir que se atraen. Es así como ustedes quieren que terminen todas sus discusiones, de tal manera que los desacuerdos redunden para bien y no para mal.

La estrategia de la dilación

Si planificar una reunión o tener una conversación espontánea no funciona para ustedes, traten de tomarse un respiro por un breve tiempo antes de tratar de resolver el problema. El propósito de esta dilación es calmar las emociones y volver a un estado más racional.

Como es más fiable si eligen un momento específico para volver a reunirse, podrían decir: "Volvamos a reunirnos cuando nos hayamos calmado". Si usan esta estrategia, tendrán que verificar cada una o dos horas si se han calmado. Si no son diligentes en verificar si se han calmado, es probable que ignoren el problema y concluyan que el tiempo se hizo cargo de todo. Pero esto es como plantar una mina en medio de su casa. Si hacen esto varias veces, esas minas no tardarán en estallar y causar severos daños a la relación. Es mucho mejor enfrentar los problemas uno a la vez y no esperar que un problema complejo se resuelva solo.

Cuando se reúnan, será bueno que sigan los mismos pasos anteriores:

- *Resguardarse.* Hablen en "primera persona" y no en "tercera persona".
- *Investigar.* Tómense tiempo para aliviar la tensión al describir cuál creen que es el problema. Pregúntense: "¿Cuál es el verdadero problema que estamos enfrentando?".
- *Identificar.* Aporten ideas que traigan una solución.
- *Iniciar.* Comprométanse a llevar a cabo una estrategia basada en sus conclusiones.
- *Interrelacionarse.* Antes de finalizar el diálogo, traten de descubrir qué les atrae uno del otro, lo cual ha causado el desacuerdo.

Un Honda y una ofensa

Mi (Pam) automóvil es un Honda CRV; un hermoso vehículo utilitario deportivo, que es bueno para transportar libros y no corre a mucha velocidad, lo cual es bueno para mí. Tiene la llanta de repuesto en la parte de atrás, y Bill me compró una funda de la Universidad de Louisville para cubrirla, porque nuestro segundo hijo asiste a esa universidad. Eso hace que pueda divisar fácilmente mi automóvil en un parque de estacionamiento, y me mantiene emocionalmente unida a mi hijo que vive a más de tres mil kilómetros de distancia. Cada vez que veo la mascota de la universidad, que es un pájaro, un cardenal norteño, en la parte trasera de mi automóvil, oro por Zach. Bien, Bill estaba conduciendo mi Honda por la carretera y la funda de la llanta se voló.

—No sé si lo notaste, pero la funda de la llanta se voló de tu auto —me dijo más tarde.

—¡Uy, no! —dije—. Tenemos que reemplazarla. Zach se va a ofender.

—No creo. Para él es solo una funda para la llanta.

—Yo creo que sí. Zach es un joven muy sensible, y esto es importante para él. La tenemos que reemplazar lo antes posible. De hecho, tú vas a ir a Louisville la semana que viene, así que puedes comprar una.

—Veremos. Si me queda de paso compraré una, y si no, no me voy a desviarme de mi camino para comprarla.

—Entonces, ¿a ti no te importan los sentimientos de Zach?

—Me importan los sentimientos de Zach. Solo que no creo que esto tenga que ver con sus sentimientos.

—Ah, ¿piensas que estoy exagerando?

—No, solo pienso que vemos las cosas de manera diferente. Tú eres realmente buena para comprometerte emocionalmente con Zach y la funda de la llanta, pero yo no puedo. No te lo voy a impedir, pero no esperes que reaccione de la misma manera. Me encanta tu compromiso emocional, mientras yo sea un espectador.

—¡Tenías que ser hombre! Te amo de aquí hasta Louisville, pero ¡tenías que ser hombre! ¿Por favooooor, puedes comprar una funda nueva para la llanta cuando estés con Zach? ¡Creo que te va a gustar mi reacción cuando la vuelva a ver en mi auto!

Bill compró la funda, y yo tenía razón, ¡le encantó mi reacción!

ABRE EL CANDADO DE TU AMOR

Cena y diálogo para una comunicación de corazón a corazón

Que cada uno identifique qué método para la resolución de los problemas cree que es mejor. Luego expresa si piensas que otra estrategia podría ayudar más a la relación. Agradece a tu cónyuge por mantenerse positivo en cuanto a tu manera de ver la vida.

Si eres valiente, aborda un problema que necesite una solución y usa uno de los métodos mencionados para llegar a una conclusión. Comienza por un problema fácil; tal vez la solución a la paz mundial, el déficit nacional o cómo posponer el alza del Dow Jones.

6

La intimidad

"El fruto del Espíritu es... fidelidad...".

Esteban y Patricia necesitaban desesperadamente pasar un tiempo juntos. Vivían acelerados y muy ocupados en su profesión, tenían dos hijos activos y estaban comprometidos con su comunidad. Se amaban profundamente, pero vivían tan ocupados que cada vez tenían menos intimidad. Esteban sabía que tenía que tomar medidas.

Un día llamó a su hermana y le pidió si podía cuidar a los niños para que pudiera pasar un tiempo solo con Patricia. Su hermana era soltera y disfrutaba pasar tiempo con sus sobrinos, así que aceptó. Fijaron la cita para un domingo por la tarde, pero la hermana de Esteban tenía un compromiso a las seis, así que solo podía cuidar a los niños hasta las cinco.

Esteban y Patricia fueron juntos a la iglesia y luego disfrutaron de un almuerzo placentero. Mientras hablaban, Esteban notó que a su esposa le costaba volver a conectarse con él. Sabía que necesitarían pasar la tarde hablando si querían redescubrir la intimidad en su relación. Conocía un lago cercano donde a Patricia le gustaba ir, así que se detuvieron en un almacén, compraron una bolsa de pan y se dirigieron al lago.

Mientras caminaban por la orilla, se empezaron a congregar los patos. Ambos tomaron un poco de pan y empezaron a alimentarlos. Alimentaban a los patos mientras hablaban. Alimentaban a los patos mientras caminaban. Alimentaban a los patos mientras estaban sentados. Se abstrajeron tanto en la experiencia, que perdieron noción del tiempo. Esteban estaba disfrutando mucho de la tarde, porque Patricia se reía y le coqueteaba. Y Patricia estaba disfrutando mucho de la tarde, porque volvía a sentirse valiosa para Esteban. Casi por casualidad, Esteban miró su reloj y vio que eran las cinco en punto.

"¡Tenemos que irnos, Patricia! Mi hermana tiene que estar en algún lado a las seis, y le dijimos que estaríamos en casa a las cinco".

Se apresuraron a llegar a la casa para relevar a una hermana muy apreciada. Patricia se dirigió directamente a los niños, mientras Esteban tomó un tiempo para agradecer a su hermana.

—Y... ¿cómo les fue? —preguntó ella con una mirada de curiosidad.

—Fue genial. Muchas gracias. Pasamos mucho tiempo alimentando a los patos.

Su mirada curiosa se transformó en una sonrisa pícara:

—¿Así que alimentaron a los patos?

Ella le guiñó el ojo a Esteban y le dio una palmadita en el brazo, luego agarró sus cosas y se marchó.

Esteban miró a Patricia y le dijo:

—Mi hermana piensa que hicimos el amor en nuestra salida y que lo llamamos *alimentar a los patos.*

Se rieron juntos por un buen rato y los dos acordaron que era el final perfecto para un día excelente. Entonces decidieron que solo sería auténtico si terminaban el día "alimentando a los patos".

Cómo saber con certeza

¿Cómo le haces saber a tu cónyuge que tienes deseos de una interacción sexual? Durante siglos, hombres y mujeres han estado enamorados y han anhelado compartir ese amor en una relación sexual romántica. Ha sido un reto interesante, por no usar otro calificativo peor, y todos lo hemos pasado mal a la hora de insinuar cuándo nos parece que es el momento.

Pam y yo estábamos haciendo una descripción gráfica de los hombres como *waffles* y las mujeres como espaguetis en un seminario.

Pam dijo al público: "A los hombres les gusta ir a sus cajas favoritas y cómodas para descansar y recargarse. Pero parece que Dios nos ayudó a las mujeres, porque las cajas favoritas de los hombres realmente tienen forma de cajas. La TV tiene forma de caja. La pantalla de la computadora tiene forma de caja. El refrigerador tiene forma de caja. La cancha de fútbol tiene forma de caja. El área de un campo de béisbol tiene forma de caja. La pista de basquetbol tiene forma de caja. Y la cama tiene forma de caja. De hecho, esa caja del sexo es la caja favorita de los hombres cuando están estresados. Es como ese casillero libre en el punto medio de una tarjeta de bingo al que puede ir desde cualquier otro casillero de su *waffle*".

El público estalló en risas ante la verdad de lo que Pam acababa de decir. Durante el resto de la conferencia, cada vez que mencionábamos la palabra sexo, el público respondía: "¡Bingo!". Durante el descanso de la tarde, una de las parejas encontró una placa que decía: *Nacidos para el bingo*. Tenemos esa placa en nuestra oficina como un divertido recordatorio. Recientemente, fuimos los oradores invitados en un crucero, y el personal recreativo usaba camisas que decían "¿Te han hecho bingo hoy?". ¡Tendríamos que tenerlas! La pregunta "¿Quieres jugar al bingo?" ha adquirido un sentido completamente nuevo en nuestro hogar.

Todos tenemos códigos o maneras de decir: "Amor, ¡*te* deseo!".

¡Fuego en el sofá!

Dimos una conferencia en el Sur de Estados Unidos, donde eran un poco tímidos para hablar de sexo. Tenían un juego para romper el hielo parecido al *juego de los recién casados*. Los esposos y las esposas respondían preguntas, y la pareja que concordaba en la mayoría de las respuestas ganaba un premio. Una de las preguntas era: "¿Cuál diría tu cónyuge que es su cita romántica favorita?".

Todas las mujeres dijeron algo como "Ir a cenar y después volver a casa temprano".

Cuando los esposos regresaron, uno de ellos respondió: "Ir a cenar, tal vez a ver una película, pero volver a casa temprano y encender el fuego en la chimenea, ¡y fuego en el sofá!".

Así que aprendimos que en el Sur, no "tienen sexo", sino que "vuelven a casa temprano" y después "¡encienden el fuego en el sofá!".

Todos tenemos códigos o maneras de decir: "Amor, ¡*te* deseo!". O sencillamente lo opuesto: cuando no tenemos ganas, podemos dar señales fáciles de entender.

¿Cuál es la combinación?

La idea de que necesitas algún tipo de código para que tu cónyuge sepa que quieres tener sexo existe como el mismo amor. Parece como si a menudo los hombres y las mujeres no pudieran estar en la misma frecuencia sobre cuándo, dónde o cuán a menudo disfrutar de una "monogamia al rojo vivo".

> Un hombre despierta a su esposa durante la noche con un vaso de agua en una mano y dos aspirinas en la otra.
>
> —¿Para qué es esto? —pregunta ella.
>
> —Para tu dolor de cabeza —dice él.
>
> —Pero no me duele la cabeza.
>
> Él sonríe y dice:
>
> —¡Te agarré!

Los hombres y las mujeres no escuchan el mismo mensaje en el ámbito de la sexualidad:

> La esposa dice: "¡Este lugar es un desastre! Ven acá, tú y yo tenemos que ordenar. Tu ropa está tirada en el piso, y si no lavamos ahora mismo, te quedarás sin ropa para usar".
>
> El esposo escucha: Bla, bla, bla, bla, VEN ACÁ, bla, bla, bla, TÚ Y YO bla, bla, EN EL PISO bla, bla, bla, AHORA MISMO bla, bla, bla, bla, bla, SIN ROPA.

Cómo descifrar el código de nuestra relación

El amor sexual es una de las actividades más fascinantes e intrincadas de los seres humanos. Es un excelente ejercicio físico; pero es más que solo eso. Es una manera excelente para unirte con la persona que amas; es más que solo comunicación. Redundará en hijos que reflejarán en su vida todo lo que es importante para ti; pero es más que solo procreación. El sexo es la unión de dos individuos de manera física, emocional, espiritual y atrevida.

> El amor sexual es una de las actividades más fascinantes e intrincadas de los seres humanos.

Una relación sexual gratificante comprende cada parte de tu ser. No puedes decir simplemente: "Y… ¿quieres tener sexo esta noche?" y esperar que las cosas funcionen bien. Si propones el sexo con total indiferencia, podrías participar del aspecto físico, pero dejar afuera el aspecto emocional y espiritual. Si lo que propones es una unión de corazones, podrías participar del aspecto emocional y espiritual, pero dejar afuera el aspecto físico y atrevido. Más que cualquier otra actividad de la tierra, el sexo es una experiencia "superior".

Las posesiones más valiosas se guardan en una caja fuerte. Si sabes su combinación, tendrás acceso a esas cosas valiosas cada vez que quieras. Si no la conoces, no tendrás acceso y solo podrás imaginar lo que hay en su interior. Si tus posesiones son medianamente valiosas, las colocarás en un lugar con una cerradura simple. Si son muy valiosas, invertirás en un sistema de cerradura más fuerte y sofisticado.

Desde la perspectiva de Dios, el amor sexual es sumamente valioso.

El amor de ustedes es muy valioso

Desde la perspectiva de Dios, el amor sexual es sumamente valioso. Es valioso por tres razones. Primero, *es profundamente personal*. Cuando la pareja tiene relaciones sexuales, se coloca en una situación de vulnerabilidad. Exponen su cuerpo el uno al otro y exponen su alma el uno al otro. Es imposible participar de una relación sexual sin poner en marcha la mente, el cuerpo y las emociones.

Por ejemplo, durante la relación sexual, el cuerpo de la mujer libera la hormona oxitocina, que hace que se sienta "enamorada" de su pareja.[12] En consecuencia, la relación se intensifica. Ella soñará con la experiencia, evaluará la experiencia y volverá a revivir muchas veces las emociones de la experiencia. Si el clima emocional de la relación concuerda con los sentimientos de amor recién descubiertos, ella se adaptará y se entregará a un nivel más profundo. Si el clima emocional no concuerda, ella reaccionará negativamente y creará confusión en la interacción.

Segundo, es valioso porque *fomenta la confianza*. Tú te quedas desnudo sólo con alguien de confianza. Liberas energía sexual solamente con alguien de confianza. Brindas una experiencia sexual gratificante

12. En línea, http://www.007b.com/breastfeeding_sexual.php.

solamente a alguien de confianza. En realidad, la confianza es la clave para que la mujer pueda experimentar un orgasmo.

La confianza también es la clave para una vida sexual deleitable y duradera. Después de un tiempo, habrán probado casi todo lo que quieran probar uno con otro. Lo que mantiene la llama del fuego encendida, después de haber agotado todos los experimentos, es la disposición a hablar del amor sexual a medida que pasan por las diferentes etapas de la vida juntos. El sexo es diferente a los 35, que a los 25; a los 40, que a los 30; y a los 60, que a los 40. Hablar de la vida íntima a medida que el cuerpo y la vida cambian es la manera de mantenerla realmente íntima para toda la vida.

Por cierto, la confianza es la clave para tener una relación exitosa con Jesús, porque "sin fe es imposible agradar a Dios" (He. 11:6), y aquellos que temen al Señor, confían en Él (Sal. 115:11). Desarrollar el potencial en el amor sexual de uno por otro dentro de la pareja ensanchará la capacidad de confiar uno en otro, lo cual aumentará la capacidad de seguir la dirección de Dios en la vida. Y viceversa, una profunda confianza en Dios les dará la posibilidad de confiar uno en otro, lo cual traerá pasión al dormitorio.

Tercero, el sexo es valioso porque *es misterioso*. Es una experiencia física, pero es mucho más. Incluye el intercambio de fluidos entre ambos cuerpos, pero no se trata solo de un proceso biológico. Estimula intensas emociones en cada uno, pero es más que una experiencia emocional.

Luego tenemos el misterio de por qué Dios nos hizo tan diferentes en este ámbito. Yo (Bill) todavía me sorprendo de nuestras diferencias después de tres décadas de estar enamorados. Me intriga que yo pueda estar listo para el sexo tan rápido, mientras necesito estimular a Pam por un tiempo antes que ella esté lista. Me fascina que ella pueda estar tan estimulada después del período de precalentamiento, hasta el grado de que a veces es difícil mantenerse a la par. Luego me divierte que yo me pueda quedar dormido tan rápido después, mientras que ella sigue llena de energía al menos por un par de horas. Sé que

Dios ha diseñado a cada hombre para que se sienta atraído instantáneamente por su esposa mediante una larga lista de estímulos simples.

Dios hizo esto para que hubiera mayor variedad en nuestras expresiones de amor, pero siempre habrá un lado misterioso del sexo.

Impulsos e interacciones

Para un argumento detallado de las diferencias entre los hombres y las mujeres en lo referido al sexo, te recomendamos nuestro libro *Red-Hot Monogamy* [Monogamia al rojo vivo], pero por ahora solo digamos que los hombres están listos para el sexo por *impulso*, mientras que las mujeres están listas para el sexo por *interacción*.

Cualquiera de las siguientes actividades estimulará el *impulso* de un hombre y lo preparará para amar a su esposa:

- Ella pasa a su lado.
- Ella se mete en la ducha.
- Ella sale de la ducha.
- Ella le guiña el ojo.
- Ella lo mira con una expresión de amor.
- Ella se desviste.
- Ella se viste.
- Ella se inclina hacia adelante y deja entrever sus senos.
- Ella se inclina hacia delante y le echa una mirada.
- Ella le susurra alguna sugerencia sexual.
- Ella le sugiere tener una salida romántica.
- Ella le sugiere quedarse en casa.

Habrás captado la idea. Dios ha diseñado a cada hombre para que se sienta atraído instantáneamente por su esposa mediante una larga lista de estímulos simples.

Cualquiera de las siguientes actividades impulsará el deseo de la esposa de *interactuar* y empezar el proceso de prepararse para la relación sexual con su esposo:

- Él la escucha con interés.
- Él le da importancia a sus opiniones.
- Él la ayuda en los quehaceres domésticos.
- Él le hace un favor.

- Él la abraza solo porque está feliz de verla (especialmente si el abrazo dura un poco más que de costumbre).
- Pasan un tiempo de diversión juntos.
- Él termina un proyecto que es importante para ella.
- Él alivia el nivel de estrés de ella.
- Él la hace reír.
- Él le da tiempo libre para que descanse de los niños y se relaje.
- Él le da un masaje sin ninguna prisa.
- Él le acaricia el cuerpo pacientemente en el juego sexual preliminar.
- Él juega con los niños y lo disfruta.
- Él planifica unas vacaciones juntos.
- Él le hace un cumplido sin razón en particular.
- Él le dice "lo siento" cuando se ha equivocado.
- Él le pide que no haga nada más, para poder pasar tiempo con ella.
- Él se ufana de ella frente a los amigos.

La lista podría seguir porque a tu esposa le encanta saber que ella es importante para ti, y cuando ella ve ese mensaje en acción, se siente atraída a ti.

Puesto que el amor sexual es tan valioso, Dios lo ha guardado bajo una combinación. Las parejas que ponen en práctica la combinación, generalmente, descubren que el sexo enriquece sus vidas en gran manera. Se ríen de él, lo esperan con expectación y se sonrojan cuando especulan qué pensarían los demás si supieran cuán bueno es. Las parejas que tratan de abrir la caja fuerte sin usar la combinación descubren que el sexo puede ser una experiencia realmente variable. Se soportan uno a otro, se ignoran uno a otro y se malinterpretan uno a otro. Esperan que los demás nunca descubran qué pasa realmente entre ellos.

La combinación para una vida sexual exitosa se describe en Efesios 5:33: "cada uno de ustedes ame también a su esposa como a sí mismo, y que la esposa respete a su esposo". La combinación que despierta el interés en la mujer es el amor, mientras que la combinación que despierta el interés en el hombre es el respeto. Vemos la combinación en el Cantar de los Cantares de Salomón, cuando Salomón y la sunamita desarrollan el potencial de su amor el uno por el otro.

Momento decodificador:

***Impulso*: Esposos**, observen la lista de impulsos y fíjense qué acciones aceleran más el mecanismo en ustedes y háblenlo con su mujer.

***Interacción*:** Esposas, observen la lista de interacciones y hablen con su marido de la interacción favorita con él que más las estimula.

La combinación para el amor

Tu esposa ha sido diseñada de tal manera que ella responderá cuando tú llegues a su corazón. En otras palabras: *Si tú amas su corazón, ella te dará su cuerpo.*

Salomón es nuestro modelo de cómo debemos amar a nuestra esposa para despertar el interés sexual en ella.

Reafirma su importancia. No te quedes solo con decirle cosas bonitas y hazla sentir importante con tus palabras. Las mujeres tienen el hábito de evaluarse continuamente. Se miran al espejo y concluyen: "No soy tan bonita, no soy tan inteligente, no soy tan capaz, no son tan sexy, no soy tan grande, no soy tan joven", y así todo el tiempo. No quieren estar tan acomplejadas, pero no pueden encontrar el interruptor que lo detenga. Hoy podrían tener un buen día, pero mañana, ante el menor estímulo, pueden tener pensamientos de insuficiencia. Un pensamiento, una mirada o un contratiempo pueden revivir sus inseguridades y agitarlas.

> El amor sexual es tan valioso, que Dios lo ha guardado bajo una combinación. La combinación que despierta el interés en la mujer es el amor, mientras que la combinación que despierta el interés en el hombre es el respeto.

Tú puedes ayudarla al reafirmar su importancia para ti cada vez que tengas la posibilidad. Dado que a los hombres nos gusta aportar soluciones, queremos encontrar una fórmula para este problema en la vida de nuestra esposa. Queremos resolverlo de una vez por todas, para que nunca lo vuelvan a mencionar. Pero eso es equivalente a que ella te diga:

"Cariño, quiero que tengamos una noche de sexo realmente espectacular, ¡de tal manera que supla tu necesidad sexual!".

En Cantares 1:6, la sunamita siente esta inseguridad y le dice a su esposo:

> No se fijen en mi tez morena,
> ni en que el sol me bronceó la piel.
> Mis hermanos se enfadaron contra mí,
> y me obligaron a cuidar las viñas;
> ¡y mi propia viña descuidé!

Ella creció en una familia campesina que acostumbraba trabajar al aire libre. Como consecuencia, su piel era bronceada, en una sociedad que apreciaba la piel pálida y cuidada. A ella le preocupa que su esposo la vea fea comparada a las otras mujeres con las que interactúa en su vida profesional. Él le responde con palabras que afirman su importancia:

> ¡Cuán bella eres, amada mía!
> ¡Cuán bella eres! (Cnt. 1:15).

Casi se puede ver cómo se le aflojan las piernas cuando piensa en la belleza de su esposa. Él nunca se cansó de la necesidad de su esposa de saber que era bella y muy valiosa para él. Por consiguiente, tuvieron una vida de amor excepcional.

Trátala con fascinación. Ve más allá de tan solo fijarte en ella y tener curiosidad por cómo funciona en realidad. Tu esposa necesita tiempo para responder sexualmente. Ella se entrega lentamente a tu amor. El sexo es una actividad que abarca todo en su vida, y necesita rendirse a la experiencia para disfrutarla verdaderamente. Ella no está lista tan rápido como tú y nunca lo estará. Por lo tanto, el juego previo es una parte muy importante de tu vida amorosa, como lo es la relación sexual. Para ella, todo está relacionado.

> No te quedes solo con decirle cosas bonitas y hazla sentir importante con tus palabras.

Un día que estábamos muy ocupados, Bill corrió a casa para buscar el maletín que se había olvidado. Pasó rápidamente a mi lado, me tomó de la cintura y me dijo: "¡Desearía poder tener independencia económica para quedarme en casa y amarte todo el día!". Me dio un beso y salió corriendo. Tres días después nos tomamos un día libre para estar juntos. Por lo general, después de unos días de ritmo ajetreado, nos toma un tiempo sentirnos emocionalmente conectados y estar listos para la relación sexual. A menudo necesitamos estimularnos uno a otro todo el día. Pero esa mañana, ¡me desperté amorosa!

—Pam, no me confundas. Me encanta esto. Pero generalmente, cuando hemos estado viviendo un ritmo tan ajetreado y nos tomamos un día para estar juntos, necesitas tiempo para estar estimulada, pero hoy… —me dijo Bill.

El juego previo es una parte muy importante de tu vida amorosa, como lo es la relación sexual.

—Bueno, Bill, hace cuatro días me dijiste que deseabas tener independencia económica para poder quedarte en casa y amarme todo el día. Tú empezaste con el juego previo hace cuatro días, así que hoy cuando apareciste, ¡yo ya estaba lista!

¡Qué intrigante!

Tu esposa apreciará mucho si la tratas con fascinación. Dado que su cuerpo responde muy diferente al tuyo, puedes tratarla con impaciencia o intriga. Ella tiene mucha más capacidad que tú para la respuesta sexual. Durante cualquier experiencia sexual contigo, ella puede tener un orgasmo solo o múltiples orgasmos (o nos atrevemos a decir ¿ningún orgasmo?). Puede disfrutar de la estimulación sexual por algunos minutos u horas. Puede mantener su interés sexual durante toda la noche.

Si quieres tener una gran vida sexual con tu mujer, proponte ser un gran amigo para ella.

Esto puede ser humillante para ti como hombre, puesto que tú te excitas y te enfrías muy rápido, y nunca podrás experimentar el grado y la duración de su estimulación sexual. Nunca podrás comprender, por experiencia propia, cómo es para ella, pero lo puedes seguir averiguando durante toda la vida. Tu disposición a explorar y experimentar su manera de hallar placer les ayudará a ambos a descubrir todo un nuevo mundo juntos.

En Cantares 2:16, la sunamita le dice a su amado:

> Mi amado es mío, y yo soy suya;
> él apacienta su rebaño entre azucenas.

El código sexual de esta pareja tenía que ver con términos de jardinería. Ella creció en una hacienda y aparentemente amaba la naturaleza, así que usaban términos campestres para referirse a su vida amorosa. Cuando ella dice que "él apacienta su rebaño entre azucenas", lo está elogiando por tomarse tiempo y explorar el potencial de su cuerpo. Obviamente ella disfruta de su paciente exploración, porque en cada uno de los versículos siguientes lo alienta a seguir ¡toda la noche!

Interactúa con ella. Procura participar de su vida. Cada actividad de la vida que realicen juntos es parte de su interés sexual por ti. Cuando la escuchas por un buen tiempo, su interés crece. Cuando caminas con ella y oras por tu familia, su interés aumenta. Cuando juegas con los niños, le pareces más sexy. Justo esta semana una esposa nos dijo: "Desearía que mi esposo se diera cuenta de que me estimula cuando me ayuda con las tareas de la casa". De hecho, las mujeres han dicho que estas cosas las estimulan:

- Cuando se tira al piso y se pone a jugar a la Barbie con nuestra hija de seis años.
- Cuando está cubierto de pintura después de haber estado pintando el baño todo el día.
- Cuando está cocinando, y yo estoy sentada bebiendo algo y observando cómo cocina.
- Cuando tiene una aspiradora en sus manos.

Tu esposa anhela saber que ella te importa. Es la llave que estimula su deseo sexual. Puedes pelear contra ello o puedes aceptarlo, pero nunca cambiará. Una mujer que cree que su esposo quiere ser su mejor amigo encontrará en él a un amante interesante.

En Cantares 7:10-13, la sunamita invita a Salomón a ir al campo a disfrutar y ver cómo florecen las flores y crecen las vides. Básicamente, tienen un día de excursión. Salen juntos, caminan juntos, hablan juntos y descubren juntos. Para la sunamita, eso significa que

> Cada actividad de la vida que realicen juntos es parte de su interés sexual por ti.

están uniendo sus vidas. Ella reconoce el poder que esta simple actividad tiene en su corazón, de modo que hace referencia a lo que ha guardado para su amor. Si quieres tener una gran vida sexual con tu mujer, proponte ser un gran amigo para ella.

La combinación del respeto

Tu esposo, por otro lado, ha sido diseñado de tal manera que responde a tu belleza y confianza sexual. Sin embargo, no pienses que tienes que ser la mujer más bella del mundo o que tienes que ser un animal en la cama (aunque está bien que lo seas). Todo lo que tienes que hacer es aceptar que tu esposo se casó contigo porque te encontró atractiva y dispuesta a madurar en tu vida amorosa. Tu esposo ha sido diseñado físicamente para tener una actividad sexual constante. Él está siempre alerta a las exigencias de su cuerpo. Disfruta de su impulso sexual y se frustra por él al mismo tiempo. En consecuencia, *si tú amas su cuerpo, él te dará su corazón.*

Tu esposo ha sido diseñado físicamente para tener una actividad sexual constante.

La sunamita es un modelo para las esposas de cómo amar a nuestro esposo de tal manera que provoque en ellos el deseo de estar con nosotras.

Sé atrevida con él. No te quedes con la simple predisposición a tener sexo, y exploren juntos sus preferencias. A los hombres les gusta el lado activo del sexo. No es que no les guste la conexión emocional y espiritual; porque, a veces, anhelan relacionarse con su esposa de una manera que reafirme su importancia. Es solo que la testosterona circula en cada célula de su cuerpo y lo alienta a asumir una perspectiva de la vida dinámica y visceral.

La mayoría de los hombres sabe que necesita mantener sus deseos bajo control, porque el dinamismo puede apoderarse de su vida. Al mismo tiempo, esperamos secretamente que nuestra esposa desarrolle apetito por la actividad sexual de tal manera que sea algo divertido y atrevido. No estamos proponiendo una actividad sexual que sea peligrosa en ningún

La mayoría de los hombres esperamos secretamente que nuestra esposa desarrolle apetito por la actividad sexual de tal manera que sea algo divertido y atrevido.

sentido, pero también creemos que Dios ha dotado a las personas con creatividad y una gran capacidad para la intimidad sexual. Por consiguiente, es saludable que las parejas casadas exploren posibilidades en su amor sexual y juntos tomen decisiones sobre aquello que probarán y aquello que no.

El Cantar de los Cantares empieza con el pedido de la sunamita a que Salomón le haga el amor.

> Ah, si me besaras con los besos de tu boca…
> ¡grato en verdad es tu amor, más que el vino!
> Grata es también, de tus perfumes, la fragancia;
> tú mismo eres bálsamo fragante.
> ¡Con razón te aman las doncellas!
> ¡Hazme del todo tuya! ¡Date prisa!
> ¡Llévame, oh rey, a tu alcoba! (Cnt. 1:2-4).

Ella sigue desplegando su lado atrevido:

> ¡Cuán hermoso eres, amado mío!
> ¡Eres un encanto!
> Una alfombra de verdor es nuestro lecho (1:16).

Una alfombra de verdor posiblemente sea una referencia a los lechos que se encontraban en las viñas y en los oasis del desierto, donde las personas podían descansar. Aquí se está refiriendo a tener sexo al aire libre; ¡eso es mucho más que hacer el amor con las luces encendidas!

Ella continúa con la invitación a la aventura cuando le dice:

> Vayamos temprano a los viñedos,
> para ver si han retoñado las vides,
> si sus pimpollos se han abierto,
> y si ya florecen los granados.
> ¡Allí te brindaré mis caricias!
> Las mandrágoras esparcen su fragancia,
> y hay a nuestras puertas
> toda clase de exquisitos frutos,
> lo mismo nuevos que añejos,
> que he guardado para ti, amor mío (7:12-13).

Ella lo está invitando a experimentar de sus momentos de intimidad, lo mismo "añejos" (cosas que tienen por costumbre) como "nuevos" (cosas que ella está dispuesta a probar).

En *The 10 Best Decisions a Couple Can Make* [Las diez mejores decisiones que una pareja puede tomar], hacemos una revisión de lo que Dios aprueba en el dormitorio. Dios nos da mucha libertad cuando estamos a puertas cerradas. Puedes aceptar una actividad íntima mientras:

Accedan mutuamente: Debe haber acuerdo en todo lo que hacen; nadie debería sentirse forzado.

> No hagan nada por egoísmo o vanidad; más bien, con humildad consideren a los demás como superiores a ustedes mismos. Cada uno debe velar no sólo por sus propios intereses sino también por los intereses de los demás. La actitud de ustedes debe ser como la de Cristo Jesús (Fil. 2:3-5).

Lo hagan en amor: No debe ser nada que sea riesgoso para la salud, la vida o la reputación.

> Por encima de todo, vístanse de amor, que es el vínculo perfecto (Col. 3:14).

Lo hagan en la privacidad: Solo deberían estar ustedes dos.

> Tengan todos en alta estima el matrimonio y la fidelidad conyugal, porque Dios juzgará a los adúlteros y a todos los que cometen inmoralidades sexuales (He. 13:4).

Cuida tu apariencia y tu actitud, y seguramente ambos pasarán un buen momento.

Interésate en él. El cuerpo de tu esposo es muy diferente al tuyo. Él es fuerte, y cada célula de su cuerpo está diseñada para reaccionar al estímulo de la vida. Él percibe retos y quiere conquistarlos. No quiere decir que quiere tratarte como un reto a vencer, sino que su cuerpo lo fastidia. Cada tanto, su semen se acumula y sigilosamente le grita para liberarse.

Él tiene una lucha constante en sus pensamientos. *¡Vaya! Mi mujer es realmente bella. Me pregunto si en este momento ella me anhela tanto como yo a ella. Bill, es hora de la cena y toda la familia está esperando.*

Lo sé, pero no tomaría mucho tiempo, y yo sería una mejor compañía en la mesa. Lo sé, no es el momento, pero espero que esta noche lo sea. Ahora que lo pienso, espero que mañana a la noche también sea el momento. Cálmate, Bill. Necesitas pagar las cuentas esta noche y prometiste ayudar a tu hijo con su tarea escolar. ¿Por qué no puede hacer la tarea solo? Espero que Pam haya terminado la tarea con él antes, así podríamos ir a la cama más temprano. Me pregunto cuánto vamos a tardar. ¡No, no! Ayúdalo. Él es tu hijo.

Esta es la parte más extraña en la vida de un hombre. Ningún otro tema ni ninguna otra actividad obsesionan sus pensamientos tanto como el sexo. La mayoría de los hombres que conozco (Bill) desearían poder frenarlo. Nos frustra no tener un interruptor que podamos pulsar para calmar nuestro dolor en la ingle. Es molesto, inoportuno, demandante e infantil. Podemos describirlo en detalle, pero no hemos descubierto la manera de calmarlo. Podemos disciplinarlo para que no domine nuestra vida, pero no podemos deshacernos de él. Cada tanto la necesidad urgente regresa y nos fastidia hasta que es liberada. Por eso, la pregunta "¿Con qué frecuencia podemos tener sexo?" es tan importante para los hombres.

Sabemos que nuestra esposa no puede consentir cada vez que queremos hacer el amor, pero nos encanta cuando es sensible al hecho de que nuestro impulso sexual siempre pide atención.

No queremos que lleves la carga de esta lucha ni tratamos de ponerte presión, pero aun así la presión está. Una esposa que piensa: *Este es el hombre que amo, y Dios lo creó con un impulso sexual. Es más fuerte que cualquier otra cosa, pero seguiré tratando de averiguar cómo es para él. Haré todo lo que pueda para hacer que este sea nuestro reto, y no solamente el suyo*, atraerá constantemente a su esposo.

En Cantares 5:2, vemos a Salomón en uno de esos momentos ligeramente desesperantes. Está anhelando a su esposa, y su deseo sexual es fuerte cuando golpea a su puerta y le ruega:

> Hermana, amada mía;
> preciosa paloma mía,
> ¡déjame entrar!

Mi cabeza está empapada de rocío;
  la humedad de la noche corre por mi pelo.

Él le recita halagos, le da razones ridículas por las que ella debería entregarse a él y le ruega para despertar su interés. Sabemos que nuestra esposa no puede consentir cada vez que queremos hacer el amor, pero nos encanta cuando es sensible al hecho de que nuestro impulso sexual siempre pide atención.

La sunamita aceptaba que a veces la actividad sexual tiene un tono desesperado. En Cantares 3, ella salió a la calle a buscar a su esposo, porque ya no podía esperar más.

No bien los he dejado,
  cuando encuentro al amor de mi vida.
Lo abrazo y, sin soltarlo,
  lo llevo a la casa de mi madre,
  a la alcoba donde ella me concibió (v. 4).

En el capítulo 2, ella expresa su desesperación con un poco más de creatividad:

¡Fortalézcanme con pasas,
  susténtenme con manzanas,
  porque desfallezco de amor! (v. 5).

Ella anhela pasar un tiempo íntimo con su esposo, así como cuando tenemos hambre de comida. ¡Definitivamente, los hombres pueden identificarse con esta ilustración!

Como hombres, no esperamos que nuestra esposa nos desee locamente todo el tiempo, pero sin duda nos encanta cuando nos busca con un poco de desesperación.

Siéntete orgullosa de él. Los hombres son criaturas orientadas al éxito. Lo que queremos decir con esto es que ellos anhelan hacer aquello que saben hacer bien. Pasan mucho tiempo en el trabajo cuando descubren que son buenos para eso. Pasan tiempo con los instrumentos musicales cuando descubren que son talentosos. Enamorarán a su esposa, si descubren que son buenos para eso. Por el contrario, evitan todo aquello que no saben hacer.

En consecuencia, un hombre es atraído a las personas que se sienten orgullosas de él. Dado que tú eres su esposa, eres consciente de sus hábitos molestos y sus defectos. Es un reto animarlo en sus puntos fuertes sin hacer comentarios sobre sus debilidades. Una vez que te abres a eso, es fácil dar más atención a sus defectos que a sus puntos fuertes porque estos son molestos. Es una decisión deliberada de tu parte enfocarte en sus puntos fuertes y encontrar la manera de decirle: "Estoy orgullosa de ti".

Es una decisión deliberada de tu parte enfocarte en sus puntos fuertes y encontrar la manera de decirle: "Estoy orgullosa de ti".

En Cantares 3:9-11, la sunamita alaba públicamente a Salomón por sus proyectos de edificación, su capacidad para edificar su trono y su capacidad para el liderazgo. De la misma manera, podría haberle dicho que había exagerado y que había gastado demasiado dinero. En cambio, lo alabó, señaló sus puntos fuertes y confió en que Dios obraría en sus debilidades.

Ella también lo alabó a puertas cerradas. Y sigue con su alabanza en el capítulo 5:

> Mi amado es apuesto y trigueño,
> y entre diez mil hombres se le distingue (v. 10).

Luego lo sigue alabando de pies a cabeza. Dos veces en el Cantar de los Cantares, ella dice:

> ¡Ojalá pudiera mi cabeza
> reposar sobre su izquierda!
> ¡Ojalá su derecha me abrazara! (2:6; 8:3).

Esto es lo que ella verbaliza, mientras él le está haciendo el amor y hace lo que a ella le gusta. Este es el mayor cumplido que puede recibir un hombre. Alábalo en el dormitorio, y él gobernará en público.

Hay pocas cosas, fuera de estar desnuda, que estimule a un hombre como los cumplidos sinceros. De esto se trata la verdadera seducción. Cuando usas tu lenguaje corporal, tu tono de voz y tus palabras para decir: "Eres un machote. Estoy feliz de estar contigo y lo lamento por las demás mujeres que no pueden disfrutar de tu amor", ¡eres irresistible para él!

La crisis de los cuarenta

En la mediana edad, los roles pueden cambiar. La mujer podría querer tener más sexo que el hombre. Él podría sentir la necesidad de funcionar, pero si su pene no colabora, quizá deba batallar contra una sensación de fracaso. ¿Quién quiere sentirse así? La popularidad de las drogas como Viagra y Levitra muestra la cantidad de hombres que batallan contra este problema. (Y si los hombres están batallando contra este problema, sus esposas también). Lo peligroso de esta situación es que la esposa anhele a su esposo, pero no sepa cómo suplir sus necesidades. En esta etapa de la vida, las parejas necesitan una mayor capacidad de comunicación, porque a medida que los cónyuges crecen juntos, necesitarán hablar de más temas y problemas.

Nuestra sociedad está llena de pruebas de que el romance y la expresión sexual son necesidades dominantes en la vida de las personas. Las mujeres de mediana edad tienen aventuras amorosas y dejan a su familia, porque encontraron a alguien que parece entender pacientemente sus necesidades emocionales. Podrían tratarse de encuentros cara a cara o podrían ser relaciones cibernéticas, pero tienen una poderosa influencia sobre muchas mujeres. Los hombres cambian drásticamente y tienen un comportamiento riesgoso, como son las aventuras amorosas, la pornografía y las amantes cibernéticas, en un intento por encontrar a alguien que acepte su sexualidad. En estos casos, las personas se conforman con un sexo ficticio, en vez del sexo genuino.

En nuestro libro *Red-Hot Monogamy*, enseñamos a las parejas a darle la máxima prioridad a su vida sexual. El libro traza un plan de ocho semanas para conectarse sexualmente e incluye un "manual práctico" (¡en el sentido literal de la palabra!). ¡Son deberes que querrán cumplir! Hay alrededor de doscientas ideas "calientes" para experimentar. La clave es ser parejas sexuales que se ocupen de complacer al otro y derribar las paredes del temor que les impide expresarse mutuamente su amor.

La libertad de la fidelidad

La respuesta a la satisfacción sexual en todas las etapas de la vida es la fidelidad. Es el elemento cohesivo que trae confianza a nuestra relación, porque elimina las otras opciones. Cuando se comprometen a ser fieles el uno al otro, tienen que trabajar juntos para ello, porque nadie más puede intervenir en esa cuestión.

Demasiados de nosotros tenemos una perspectiva pasiva de la fidelidad. Pensamos: *Yo soy fiel. Y creo que solo necesito perseverar y esperar que resulte. Espero que mi cónyuge sea un buen amante, y si no, me aburriré por el resto de mi vida.*

Eso no es fidelidad, es resignación. La fidelidad dice: *Voy a poner lo mejor de mí en esta relación. Espero que mi cónyuge haga lo mismo, pero si no, igual seré la mejor pareja, el mejor amante, el mejor proveedor y el mejor amigo de mi cónyuge. Seguiré interesándome por sus necesidades y me dedicaré a mi crecimiento personal para ser cada año una mejor pareja. No creo que mi cónyuge pueda resistirse si cada año me convierto en una mejor pareja sexual.* Esto es lo que intenta decirnos 1 Corintios 7:4-6.

La respuesta a la satisfacción sexual en todas las etapas de la vida es la fidelidad.

> La mujer ya no tiene derecho sobre su propio cuerpo, sino su esposo. Tampoco el hombre tiene derecho sobre su propio cuerpo, sino su esposa. No se nieguen el uno al otro, a no ser de común acuerdo, y sólo por un tiempo, para dedicarse a la oración. No tarden en volver a unirse nuevamente; de lo contrario, pueden caer en tentación de Satanás, por falta de dominio propio. Ahora bien, esto lo digo como una concesión y no como una orden.

Cada cónyuge tiene el "deber matrimonial" de satisfacer sexualmente al otro. Esto significa que deberíamos averiguar sus necesidades sexuales y satisfacerlo regularmente. Cada uno de nosotros tiene el privilegio del cuerpo del otro. Cuando un hombre y una mujer se casan, se están diciendo mutuamente: "Mi cuerpo ya no me pertenece solo a mí. También es tuyo. Te estoy dando mi cuerpo para que puedas experimentar una vida de satisfacción sexual".

La sunamita lo explica de esta manera:

> Yo soy de mi amado,
> y él me busca con pasión (Cnt. 7:10).

Finalmente, nuestra interacción sexual nos ayuda a evitar la tentación. Satanás trabaja sin cansancio en el ámbito de la tentación sexual. Lo ha estado haciendo durante siglos, y sigue tramando planes sofisticados para distraernos. Sin embargo, si tú satisfaces a tu cónyuge en el hogar y ambos están creciendo constantemente en la capacidad de expresarse amor uno a otro, es improbable que alguna tentación resulte suficientemente atractiva para alejarlos del bien.

"Mi cuerpo ya no me pertenece solo a mí. También es tuyo".

La esposa de Salomón describe bellamente la prioridad de la fidelidad:

> Grábame como un sello sobre tu corazón;
> llévame como una marca sobre tu brazo.
> Fuerte es el amor, como la muerte,
> y tenaz la pasión, como el sepulcro.
> Como llama divina
> es el fuego ardiente del amor.
> Ni las muchas aguas pueden apagarlo,
> ni los ríos pueden extinguirlo.
> Si alguien ofreciera todas sus riquezas
> a cambio del amor,
> sólo conseguiría el desprecio (Cnt. 8:6-7).

Si quieres un amor más fuerte que la muerte, que arda tanto de pasión que las muchas aguas no puedan apagarlo, entonces graba a tu cónyuge como un sello sobre tu corazón. Párense al pie de su cama, coloque cada uno su mano sobre el corazón del otro y oren uno por el otro: "Dios, pongo a mi esposa/esposo como un sello sobre mi corazón. Te ruego que envíes tu amor a nuestros corazones y a nuestro hogar. Amén".

RECOPILACIÓN DE PRUEBAS

Para fomentar la fidelidad

Que cada uno marque las decisiones que ya ha tomado en pro de la fidelidad.

- No tendré sexo con ninguna otra persona que no sea mi cónyuge.
- No tendré ninguna "cita" ni me encontraré a comer o a solas con una persona del sexo opuesto.
- Protegeré mi vida sexual y evitaré toda falsificación sexual, como la pornografía y las películas explícitas en la televisión.
- No avivaré ninguna ceniza del pasado por medio de correos electrónicos, mensajes de texto, Facebook, etc.
- Perseveraré con mi cónyuge y haré algo lindo para él o ella cada día.
- Enamoraré a mi cónyuge con palabras que la/lo edifiquen.
- Voy a acariciar a mi cónyuge solo para animarla/o y mostrarle lo importante que es para mí sin la presión de tener sexo.
- Le haré saber a mi cónyuge cuándo la/lo deseo.
- Invertiré tiempo, energía y dinero para enamorar a mi cónyuge.
- Buscaré la manera de satisfacer los deseos y las necesidades sexuales de mi cónyuge.
- Seré el mejor amigo/a de mi cónyuge.
- Trataré de aliviar el estrés de mi cónyuge.
- Buscaré apoyar a mi cónyuge y ayudarla/lo a alcanzar el potencial que Dios le ha dado.

Fija una fecha para hablar con tu cónyuge sobre lo que ha hecho que te ha ayudado a confiar en él o ella. Elógiense uno a otro por las cosas que ya han decidido hacer. Si hay alguna cosa de la lista que no estaba marcada y que les ayudaría a sentirse más libres en la intimidad del dormitorio, comenten cuál es y por qué les ayudaría.

ABRE EL CANDADO DE TU AMOR

Cena y diálogo para una comunicación de corazón a corazón

Para estar en la misma sintonía

Hay varias maneras de respetar la fidelidad que incentivará el amor sexual de uno por otro:

1. Identifiquen una palabra en clave que quiera decir "tengo ganas de estar contigo". Para ayudarles a identificar palabras en clave

en su relación, consideren estos ejemplos de la vida real de otras parejas:

- Sandra es tímida y le cuesta decir la palabra sexo, ni pensar en decirle a Roberto que le gustaría que le hiciera el amor. Al mismo tiempo, ella lo ama mucho y disfruta de su interacción sexual. Ella decidió que se lo insinuaría escribiendo un número en el espejo del baño con un lápiz labial. Un "10" en el espejo significa que probablemente deba volver a casa a la hora del almuerzo, mientras que un "1" significa que puede quedarse a jugar al golf después del trabajo.
- Nosotros solíamos preguntarnos: "¿Te gustaría dormir una siesta?". Puesto que ambos ya tenemos más de cuarenta años, "¿Te gustaría dormir una siesta?" significa literalmente eso. Así que, en su lugar, "Bingo" ha sido una gran adición a nuestro vocabulario.
- Ricardo notaba que Viviana a menudo usaba una blusa roja cada vez que estaba interesada sexualmente en él. Entonces ese año él le regaló una blusa roja para el Día de los Enamorados. Para el cumpleaños de él, Viviana decidió devolverle el favor. ¡Los días que usan sus camisas rojas generalmente son días buenos en esa casa!

2. Esposa: Elije uno de los elementos de la "combinación del respeto" para poner en práctica esta semana. Puedes hacer algo atrevido que no te animas a probar con tu esposo. Puedes mostrar especial interés por él y hacerle preguntas sobre el funcionamiento de su cuerpo. Puedes mostrarle que estás orgullosa de él y elogiarlo por algo que hace bien.
3. Esposo: Elije uno de los elementos de la "combinación del amor" para practicar esta semana. Puedes hacerla sentir importante con tus palabras. Puedes dedicar toda la noche al juego previo: masajea su espalda, pon su música favorita, besa todo su cuerpo, usa tu imaginación. Puedes sugerir una actividad amistosa para realizar juntos u ofrecerte voluntariamente a ayudarla en un proyecto del cual, por lo general, no participas.
4. Apártense durante 24 horas para hablar de lo que les gustaría hacer este año en su interacción sexual. Dialoguen sobre las

preferencias y expresiones creativas. Creen una atmósfera de aceptación y seguridad. Sería bueno que exploraran posibilidades, no que se fijen expectativas. Pónganse de acuerdo previamente en que harán solo aquellas cosas que ambos aceptan y que no juzgarán al otro por decir que "no" a actividades que no le parece bien. El diálogo es una de las experiencias más íntimas que pueden disfrutar, así que no hablen aceleradamente ni se presionen a hacerlo perfecto. Solo hablen entre ustedes.

5. Oren juntos antes y después de tener una experiencia sexual.

7

Se activan las alarmas

"El fruto del Espíritu es... gozo...".

Hay pruebas de sobra que nos muestran que la vida es un reto y que todos debemos estar alerta al peligro potencial que reside en cada una de nuestras vidas. Por ejemplo, cada vez hay más pruebas de que somos personas cansadas por falta de sueño. Un estudio estima que durante el siglo pasado, las horas promedio de sueño por la noche se han reducido dos horas.[13] Siete de cada diez estadounidenses sufren de falta de sueño.[14] De acuerdo a la Fundación Nacional del Sueño, "antes que Thomas Edison inventara la bombilla eléctrica, la gente dormía un promedio de 10 horas por noche; actualmente, los estadounidenses duermen por noche un promedio de 6,9 horas de lunes a viernes y 7,5 horas, los fines de semana".[15]

Un domingo, nuestro pastor dijo en la mitad de su sermón: "El mundo está gobernado por personas cansadas y el café fuerte". Algunas personas se rieron, mientras otras suspiraron en aceptación y resignación. Era otra prueba de que la gente está buscando la energía que necesita para funcionar en el trabajo y amar a su familia. La manera de saber si podrías ser un adicto al café es si:

- Mueles los granos de café con tus dientes.
- Puedes arrancar tu automóvil sin cables.

---

13. En línea, http://ky.essortment.com/sleepdeprivatio_rloc.htm.

14. En línea, http://www.news-medical.net/?id=516.

15. En línea, http://www.sleepfoundation.org/site/c.huIXKjM0IxF/b.2419253/k.7989/Sleep_Facts_and_Stats.htm.

- El café instantáneo te parece que tarda mucho.
- Vas corriendo al trabajo y llegas antes que nadie.
- Representas personalmente más del 1% del Producto Bruno Interno de Brasil.[16]

Suenan las alarmas en tu vida cuando las cosas no están bien y estás a punto de perder el gozo. Las alarmas se activan porque algo está desequilibrado o porque alguna área sensible de la vida ha sido herida. Tu capacidad de escuchar las alarmas es una de las claves para un matrimonio seguro y exitoso.

ALARMA 1: MOTIVACIÓN INTERRUMPIDA

Tú has sido creado conforme a un patrón extraordinario. Aunque tienes mucho en común con los demás, sigues siendo único. Tienes una apariencia única, un ADN único, huellas digitales únicas y un tono de voz único. Del mismo modo, tu matrimonio es único, aunque tenga mucho en común con los demás matrimonios. Uno de los aspectos más fascinantes de esta particularidad es la combinación de estilos motivacionales que existe en tu relación.

Todo empezó en el noviazgo. Se sintieron atraídos y fueron cautivados el uno por el otro, aunque por qué sucedió probablemente sea un misterio para ti. Estas son algunas de las preguntas que más se hace la gente: "¿Cómo sé cuándo encontré a mi pareja perfecta?". "¿Cómo supiste que ella era tu pareja perfecta?". "¿Por qué te casaste con ella?". "¿Qué tenía ella diferente a las otras mujeres con las que saliste?".

Es imposible explicarlo perfectamente con la respuesta a estas preguntas, pero el estilo motivacional es una de las características que los han unido. Tienes una cierta manera de ver la vida, pero internamente sientes que tu perspectiva no está completa. Confías en tu manera de orquestar tu vida, pero anhelas la parte de la vida que no tienes naturalmente. Por consiguiente, te sientes atraído románticamente a las personas que tienen lo que tú no tienes, en lo que respecta al estilo motivacional.

Por lo tanto, es más probable que te cases con alguien con un estilo motivacional diferente al tuyo. Esto crea una dinámica interesante.

16. En línea, http://www.robinsfyi.com/food/coffeelite.htm.

Cuando es momento de tomar una decisión, ambos la abordan según su propio estilo motivacional. Si tu cónyuge pasa por alto o ignora tu estilo, la alarma sonará. Puede que te enojes o te frustres, o simplemente te canses, pero la alarma sonará.

En las próximas páginas, vamos a describir el significado de los estilos motivacionales. Hay cuatro estilos básicos: el Decidido, el Inspirador, el Pacificador y el Estratega. Notarás que ilustramos estos estilos con la manera en que manejan el dinero. Hacemos esto por dos razones. Primero, el dinero es un asunto sumamente emocional que causa muchos problemas en las parejas casadas. Tu capacidad de colaborar financieramente es una de las áreas vitales de estabilidad que te permiten mantener tu motivación alta. Segundo, en el capítulo siguiente, presentaremos un plan financiero que incorpore los estilos motivacionales. Queremos que pienses de qué manera tu estilo afecta tus decisiones financieras antes que te guiemos a pensar en un plan.

El Decidido

Si tú eres un Decidido, obtienes motivación al estar en control de las decisiones que afectan tu vida. No necesitas estar en control de todo, aunque muchas personas te acusen de ser controlador; solo necesitas tener participación en las decisiones que te afectan. Esto empezó en los primeros años de tu vida. Naciste para estar a cargo de algo, pero eras demasiado joven para ser líder. Algo en ti te llevaba a tener una opinión sobre casi todo, y te sentías libre al darla. La vida siempre ha sido muy clara para ti, y siempre creíste que tu perspectiva era la mejor. Cuando los demás no están de acuerdo contigo, te turbas porque sabes que tu punto de vista es el correcto. Si los demás te siguieran, verían que lo tuviste claro desde el principio.

Algunos podrían referirse a ti como un maniático del control, pero es posible que solo seas más decisivo que otros. Solo para asegurarte de no haber cruzado la línea de "estar a cargo de algo" a "necesitar controlar todo", pregúntate: Hombre, ¿acaso eres así?

> —Papá, papá: ¿qué es un "maniático del control"? —pregunta Juanito.
>
> —Es una persona a la que le gusta controlar a los demás

y les dice qué hacer, cómo hacerlo, cuándo y por qué —le contesta su papá.

—¡Ah, entonces es alguien como tú! —dice Juanito.

Sí, amigo, podrías ser un maniático del control.
Mujer, ¿acaso eres así?

Quieres hacer el amor apasionadamente con tu esposo sobre el piso, solo para no arrugar el cubrecama.

O te gustaría pasear en trineo bajo la luz de la luna con tu amado, ¡pero solo si te deja conducir!

Sí, podrías ser una maniática del control.

La confianza en uno mismo molesta a los demás

Tu natural confianza en ti mismo puede molestar a los demás, pero es una buena cualidad, especialmente en el ámbito de las finanzas. Las principales innovaciones y los avances en la medicina, la ciencia, los negocios y los medios de comunicación han surgido porque alguien seguro de sí mismo en el ámbito del dinero dijo que sí a una idea y convirtió el sueño en realidad.

Puede que malentiendas tu actitud intrépida y participativa en la vida, pero procura usar siempre tu característica innata. Tu naturaleza es ser seguro de ti mismo, y no te importa tomar decisiones y correr posibles riesgos.

Con respecto al dinero, naturalmente, crees que deberías estar a cargo de las decisiones financieras de tu familia. Tal vez no quieras manejar las funciones cotidianas del presupuesto, pero quieres tomar decisiones que determinen la dirección económica familiar. El don financiero que aportas a tu matrimonio es tu perspicacia. El futuro es claro para ti, y el camino para llegar allí es igual de claro. Las cosas son tan claras para ti que puedes tomar decisiones financieras con confianza y autoridad. Para tu cónyuge, es una cualidad atractiva cuando las cosas van bien.

Como con todos los dones, este tiene un lado malo. Tu confianza para tomar decisiones es tan alta que a menudo no consultas a las personas afectadas por la decisión. Periódicamente, tu cónyuge se entera después que has hecho un compromiso financiero. Lamentas que sea duro para tu cónyuge adaptarse a esa decisión, pero sigues convencido de que has hecho lo correcto. Casi siempre, crees que el tiempo sanará cualquier malentendido que exista, porque finalmente tu cónyuge comprenderá tu idea y aceptará que tu decisión fue la mejor.

Aportas mucho ímpetu a tu matrimonio. Reconoces la oportunidad y estás dispuesto a trabajar esforzadamente para que las cosas sucedan. Tienes un talento natural para tomar decisiones y reconocer los posibles riesgos. También crees en tu capacidad a tal punto de ser sumamente hábil para extender tu influencia.

Evita el malestar

Al mismo tiempo, puedes producir malestar en tu matrimonio, porque te niegas a aceptar colaboración para tomar decisiones. El proceso de consultar a tu cónyuge te frustra, porque demora los resultados. Dado que la decisión te parece tan obvia, te pone mal tener que contarle tu idea, darle tiempo para procesarla y luego llegar a una conclusión mutua. Prefieres tomar la decisión solo, hacerle frente a las consecuencias y seguir adelante.

La otra razón por la que puedes producir malestar en tu matrimonio es que podría faltarte control. Una vez que estás convencido de que hay que hacer algo, lo haces. Quieres actuar rápidamente e ignoras la perspectiva de los demás para ejercer poder sobre el presupuesto de la familia y hacer compromisos unilaterales.

> Ejercer poder es importante en los negocios, la política y las organizaciones comunitarias, porque es imposible llegar a un acuerdo en grandes grupos de personas; pero a nadie le gusta sentirse presionado en su vida personal.

La confianza natural y la visión clara que posees es una característica atractiva para tu cónyuge, mientras te controles. Si no tienes cuidado, esa misma característica provocará resentimiento en tu familia. Sentirán que los estás presionando y que los pones contra la pared. Si tu cónyuge se resiste a tu decisión, quedará como el "malo de la película". Por ejemplo, haces el valeroso compromiso de patrocinar a tres adolescentes para que asistan al campamento de verano. Es una causa noble, pero ahora queda menos margen en el presupuesto de la familia, lo cual pone nervioso a tu cónyuge. Si él o ella dice que no a tu idea, podría quedar como un avaro frente al pastor de jóvenes o frente a tus propios hijos adolescentes que ya saben del compromiso que has hecho. Por lo tanto, tu cónyuge acepta la decisión, pero siente que lo/a has usado, relegado o desvalorizado. La experiencia repetitiva de estos sentimientos ¡no contribuye a una monogamia al rojo vivo!

Ejercer poder es importante en los negocios, la política y las organizaciones comunitarias, porque es imposible llegar a un acuerdo en grandes grupos de personas; pero a nadie le gusta sentirse presionado en su vida personal. La acción de ejercer poder restringe la intimidad, porque en quienes son afectados provoca el temor de ser abandonados o rechazados. Este temor, entonces, conduce a la preocupación, y la preocupación desgasta sigilosamente las relaciones.

Si eres de los que se preocupan, no tendrás paz, lo cual te pondrá más nervioso. No disfrutarás el momento en el que estás, porque estarás preocupado por el futuro, y verás el futuro como un desastre inminente. Podríamos pensar que la estabilidad financiera (hacer más dinero) es suficiente para contrarrestar el temor. Eso podría ayudar, pero si el temor es bastante intenso (como a menudo lo es si has crecido en la pobreza o si has tenido graves problemas financieros), ni siquiera una cuantiosa cuenta de ahorro será suficiente para impedir que te preocupes. Necesitamos atacar la preocupación de raíz y reemplazarla con la paz de Dios.

La paz es la conclusión de que Dios tiene sus ojos sobre mi vida y está comprometido a cuidar de mí.

La paz es la conclusión de que Dios tiene sus ojos sobre mi vida y está comprometido a cuidar de mí. La paz acompañada por el conocimiento de las personalidades financieras de ambos los volverá a conectar emocionalmente y creará un futuro financiero viable. Uno que los mantendrá a ambos motivados y por buen camino.

Lo que motiva

Estas cosas motivan a los Decididos:

- Decisiones financieras rápidas.
- Oportunidades que incrementan la influencia personal.

- Tener la primera y la última palabra en las decisiones financieras.
- Un entorno financiero cooperativo (yo tomo la decisión, y tú cooperas).
- Compromisos financieros que no se cuestionan.
- Contar con información precisa para poder tomar una decisión rápida y eficaz.

Estas cosas frustran a los Decididos:

- Decisiones financieras lentas.
- Largas discusiones sobre finanzas.
- Presupuestos inflexibles.
- Temor a gastar dinero.
- Objetivos financieros pequeños.
- Crítica sobre las decisiones financieras tomadas.

El Inspirador

Si a ti te gusta inspirar a la gente, obtienes motivación cuando haces feliz a los demás. Te encanta organizar actividades que hagan reír o llorar por cosas sentimentales, o simplemente, para pasarla bien. Disfrutas haciendo regalos si provocan una sonrisa en la gente. Te encanta enviar correos electrónicos de aliento, especialmente cuando obtienes una respuesta. Por consiguiente, te alimentas de la atención de otros porque te confirma que se sintieron tocados.

Has nacido con una actitud alegre y siempre has anhelado estar frente a las personas. Puede que en las primeras etapas de la vida te hayas sentido reprimido, porque era muy importante para ti. Con el paso de los años, te has acostumbrado a los reflectores y te desenvuelves bien allí. Sabes cómo recibir atención sin enorgullecerte. Puedes ser el centro sin que alimente tu ego. Cuanta más atención recibes, más seguridad tienes de estar influenciando la vida de la gente.

Si a ti te gusta inspirar a la gente, obtienes motivación cuando haces feliz a los demás.

Por consiguiente, gastas dinero para hacer más feliz a los demás. Es vital para ti que haya margen en tu presupuesto para organizar reuniones sociales, comprar regalos inspiradores y hacer por los demás algo que los haga sonreír. No quieres ignorar la realidad de tu presupuesto, pero si no queda margen para actividades que alegren a los demás, te fastidiarás con el lado financiero de la vida. Una vez que aparece el fastidio, es probable que ignores el presupuesto y gastes dinero para recuperar la inspiración. Harías bien en no subestimar la influencia del fastidio sobre tus decisiones financieras.

Diversión organizada

Es probable que seas razonable con los gastos para las reuniones sociales si hay margen en tu presupuesto para estos. Si en teoría no hay margen, de todos modos, quizá gastes el dinero y confíes que las cosas saldrán bien. A decir verdad, en realidad no te gustan los presupuestos. Te parecen aburridos y tediosos, y sientes como si le pusieran grillos a tu creatividad. Estás contento de haberte casado con alguien que lleva un buen registro del dinero, porque sería una tortura para ti si tuvieras que hacer el balance de tu libreta de cheques, llevar el registro de tus pagos y planificar tus gastos. La vida te parece fascinante, y valoras mucho la capacidad de ser espontáneo y aprovechar las oportunidades de diversión a medida que surgen.

A tu cónyuge, probablemente, le encante estar contigo y se irrite cuando está contigo, todo al mismo tiempo. Tú aportas a la vida mucha más diversión de la que tu cónyuge pudo haberse imaginado y muchas más sorpresas financieras de las que él o ella hubieran permitido.

Yo (Bill) sé que este es mi caso. Soy un pacificador por naturaleza y me gusta administrar el dinero para mantener el menor nivel de estrés posible. Esta característica es muy sólida, pero no inspira a nadie. Pam ha aportado una creatividad muy necesaria a mi vida. Tengo muchos recuerdos duraderos, gracias al instinto que tiene Pam de percibir experiencias valiosas, que no hubiera podido descubrir por mi cuenta. Al mismo tiempo, periódicamente me sorprendo por los compromisos financieros que ella hace. Pienso que deberíamos hablar sobre todas las decisiones con anticipación. Según su marco de referencia, ella reconoce una oportunidad y el beneficio que traerá a nuestra vida, y no lo duda. Al hacer un análisis de nuestra vida juntos, tengo que admitir que ha tenido razón la mayor parte del tiempo, pero eso no cambia el hecho de que ha sido irritante.

Me encanta la espontaneidad

Es verdad que a mí (Pam) me encanta la espontaneidad, y he descubierto algunas preguntas que me ayudan a mantener la generosidad en perspectiva.

- Si soy generosa en esto, ¿puede ser que no les esté dando lugar a los demás para que confíen en que Dios proveerá? Confiar en Dios es una experiencia emocionante, y detestaría pensar que otros pudieran perder su oportunidad por haberles hecho un regalo sin pensarlo dos veces.
- ¿Hay alguna otra manera de expresar el mismo amor, que no implique dinero?
- ¿Tengo realmente el dinero para hacer esto, no según mi criterio, sino el de Bill?

Estas cosas motivan a los Inspiradores:

- Decisiones financieras para la diversión.
- Oportunidades que extienden su influencia social.
- Espontaneidad en las decisiones financieras.
- Libertad para dar a aquellos que aman.

Estas cosas frustran a los Inspiradores:

- Decisiones financieras inflexibles.
- Largas discusiones sobre finanzas.
- Resistencia emocional a gastar dinero.
- Objetivos financieros a largo plazo.
- Un presupuesto sin margen flexible para oportunidades de dar espontáneamente.

El Pacificador

Algunos de ustedes tienen la sorprendente capacidad de mantener una perspectiva de la vida fácil y relajada. No se estresan con muchas cosas para hacer. No les cuesta relajarse, y son muy buenos para no tomar demasiadas obligaciones. Son mejores para decidir lo que no harán que lo que harán.

Si eres un pacificador, tienes en claro en qué cosas *no deberías* gastar dinero, pero siempre te ha costado pensar en qué cosas *deberías* gastar dinero. Por esta razón, te gusta la perspectiva simple de la vida. Eres feliz cuando trabajas una cantidad sensata de horas y cobras un sueldo sensato. Puedes ajustarte a una rutina predecible en la cual sales a trabajar a la misma hora todos los días, pagas las cuentas en la misma fecha todos los meses y evitas los riesgos financieros durante toda tu vida adulta. Prefieres hacer esto porque mantiene un nivel bajo de estrés.

Tu cónyuge probablemente se enamoró de ti porque tienes una perspectiva fácil de la vida. Tu perspectiva libre de estrés y tus expectativas simples tuvieron una influencia tranquilizadora en él o ella. Todo parecía más fácil cuando estabas presente. Eso hizo que tu cónyuge sintiera más confianza y empezara a considerar nuevas posibilidades. Las oportunidades nuevas cuestan dinero, de modo que, naturalmente, conllevan compromisos financieros. Cuanto más dinero se compromete, menos te gusta. Preferirías tener un sistema de administración del dinero simple y fácil, que fijes una vez y te ajustes a él por el resto de tu vida. Aunque sabes que eso no es realista, sigue siendo lo que prefieres.

Combate el resentimiento

Por consiguiente, es probable que le hayas confiado a tu cónyuge, que es más extrovertido, tus objetivos financieros y después te hayas resentido con él o ella. Consideras que no tiene lógica ni explicación sus movimientos financieros. Solías pensar que era intrépido y enérgico. Ahora piensas que no tiene control. Creías que era valiente y fuerte en la fe, pero ahora batallas con la conclusión de que se deja llevar por sus caprichos. El único resultado que puedes ver ahora es el desastre financiero, pero te falta la energía personal para confrontar a tu cónyuge. Por lo tanto, esperas en silencio que Dios intervenga y proteja tu dinero de las decisiones aparentemente emocionales de tu cónyuge.

> Si eres un pacificador, tienes en claro en qué cosas *no deberías* gastar dinero, pero siempre te ha costado pensar en qué cosas *deberías* gastar dinero.

Aquellos que están casados con un pacificador tienen que decidir no aprovecharse de la naturaleza despreocupada de su cónyuge. Tu cónyuge apacible te dará libertad para gastar como quieras, pero su actitud tranquila y pacífica no significa necesariamente que esté de acuerdo o lo acepte. Puede que solo le parezcan bien algunas cosas o que discuta contigo pacíficamente. Si está en desacuerdo, adoptará una actitud pasiva o bien se resentirá.

Ambas situaciones te exasperarán porque a ti te gusta la acción. La respuesta pasiva te hará pensar que a tu cónyuge no le importa. Es probable que nunca te des cuenta de su resentimiento hasta que estalle de ira y se enoje contigo, o simplemente, empaque y se marche con una nota que diga: "No podía aguantar más". El pacificador no exigirá participar del proceso financiero, de modo que debes tratar de mantener a tu cónyuge diplomático activo en tus decisiones financieras.

Estas cosas motivan a los Pacificadores:

- Un clima de respeto financiero (todos los que participan son igual de importantes).
- Decisiones financieras simples.
- Oportunidades que hacen que la vida sea más fácil.
- Previsibilidad en las decisiones financieras.
- Compromisos financieros que dejan margen en el presupuesto.
- Un plan de ingresos previsible.

Estas cosas frustran a los Pacificadores:

- Decisiones financieras que no se han pensado mucho.
- Conversaciones esporádicas sobre las finanzas.
- Falta de límites en el gasto del dinero.
- Objetivos financieros que se ignoran.
- Recibir críticas por ser cauto.
- Un trabajo sin sueldo fijo o basado en comisiones.

El Estratega

El último estilo motivacional está basado en la afición por hacer las cosas bien. Algunos de ustedes creen que hay una manera correcta y una incorrecta de hacer las cosas. Tú funcionas mejor cuando la vida está en orden. Si por ti fuera, tendrías tu oficina en orden, tu casa en orden, tu guardarropa en orden y tus finanzas en orden. Te encantan los presupuestos, los sistemas de administración del dinero y las hojas de cálculos. Concuerdas totalmente con los presentadores financieros que dicen: "Usted necesita tener un presupuesto financiero y ajustarse a él. Usted debería llevar un registro de sus gastos cada mes, guardar cada recibo y anotar cada gasto. De esa manera, sabrá exactamente a dónde va su dinero".

El don que aportas financieramente al matrimonio es tu capacidad de organizar y manejar los detalles de tu plan monetario. Encuentras gozo al crear un presupuesto y planificar tus compras financieras. Para ti, el presupuesto es rey. Si tú eres un estratega, escribes el presupuesto para tener un plan y esperas que tú y tu cónyuge lo sigan al pie de la letra. Crees en cada detalle del plan y te sientes bien en la vida cuando se respeta y se sigue el plan.

Si tu eres un estratega, escribes el presupuesto para tener un plan y esperas que tú y tu cónyuge lo sigan al pie de la letra.

¿No podemos trabajar juntos?

Por otro lado, te turbas cuando se ignora el plan. Te molesta que todos los esfuerzos que pusiste en planificar el presupuesto se hayan dejado de lado. Puesto que tu cónyuge no le presta la misma atención que tú al presupuesto, evalúas constantemente el proceso. Algunos días consideras que estás pensando demasiado y te obligas a relajarte. Otros días luchas para no enojarte con tu cónyuge porque sientes que el presupuesto no sirve de nada. Te preguntas: "¿Por qué perdemos todo este tiempo trabajando en un presupuesto si vamos a tirarlo por la borda? ¿Por qué mi cónyuge dijo que iba a seguir el plan cuando, en realidad, no lo dijo en serio? ¿Por qué me mintió y dijo que íbamos a trabajar juntos en esto?".

Puesto que tú eres el organizado de la familia, es probable que estés a cargo de la organización de las cuentas y obligaciones por pagar. Te ocupaste de esto con entusiasmo porque sentías que tus talentos eran respetados, pero ahora estás totalmente frustrado. Tienes la responsabilidad de mantener el presupuesto en orden, pero quien te ayudó a crearlo no respeta las reglas. Te sorprende constantemente el dinero que se gasta y te sientes impotente de hacer algo al respecto. Hablas, te quejas, argumentas y ruegas, pero nada cambia. Frustrado vuelves a ocuparte de las cosas, pero estás cansado y decepcionado. Solo esperas que un día no pierdas la paciencia con tu cónyuge y arruines lo que están tratando de edificar juntos.

Estas cosas motivan a los Estrategas:

- Decisiones financieras bien pensadas.
- Oportunidades que parecen lógicas.
- Previsibilidad en las decisiones financieras.
- Compromisos financieros que se ajustan al presupuesto.

Estas cosas frustran a los estrategas:

- Decisiones financieras que cambian impulsivamente.
- Conversaciones esporádicas sobre las finanzas.
- Falta de límites en el gasto del dinero.
- Objetivos financieros que se ignoran.
- Recibir críticas por ser meticuloso.

Momento decodificador: Cada uno complete los espacios en blanco:

Esposa: Pienso que mi estilo motivacional financiero es________________.

Esposo: Pienso que el punto fuerte de ese estilo y uno de los beneficios que trae a nuestra relación es ______________________________.

Esposo: Pienso que mi estilo motivacional financiero es __________ ______________________________.

Esposa: Pienso que el punto fuerte de ese estilo y uno de los beneficios que trae a nuestra relación es______________________________.

Por ahora enfóquense en lo positivo; la resolución del problema vendrá luego. Usen este tiempo para elogiar y felicitarse mutuamente por la manera de ver los réditos de su amor.

ALARMA 2: DECISIONES NOCIVAS

Ninguno de nosotros ha tenido una vida perfecta. Algunos de los que leen este libro han tenido una vida relativamente fácil, con pocos obstáculos en el camino. Otros tuvieron experiencias horrendas en su niñez y han tratado de superar esas influencias durante toda su vida adulta. La mayoría está en algún punto medio entre las dos experiencias. Son quienes han tenido luchas, pero han aprendido a arreglárselas para funcionar bien en el trabajo y entre sus amistades.

A lo largo de la vida, todos tendemos a tomar algunas medidas para defender nuestro corazón y evitar más sufrimiento. Podría ser tan simple como evitar a las personas que nos fastidian o estar tan ocupados como para no complicarnos con relaciones difíciles. No hay necesidad de perder tiempo y esfuerzo en un análisis de estas simples precauciones. Sin embargo, es muy posible que hayas tomado una o dos decisiones nocivas a lo largo del camino, que causaron interrupciones en la intimidad de tu relación. Estas reacciones nocivas son alarmas estridentes que señalan la necesidad de cambio, crecimiento y cooperación.

Estas decisiones nocivas necesitan ser reemplazadas por aquellas que promueven la vulnerabilidad, la productividad y la responsabilidad. Considera los ejemplos siguientes de personas que han tomado decisiones nocivas, que los han aislado de las personas que más amaban.

No quiero que me controlen

Esteban: Esteban creció con una madre muy controladora. Siempre le decía qué hacer, cuándo hacerlo, cómo hacerlo y cuándo le parecía que lo había hecho bastante bien. Ese control iba más allá de las instrucciones normales que los padres necesitan dar a sus hijos y se extendió hasta los primeros años de su vida adulta. Si él no respondía a sus demandas, ella usaba un despliegue de emociones para que él se sometiera. Levantaba la voz, gritaba, vociferaba por toda la casa, lo insultaba y lo amenazaba con avergonzarlo en público. Cuando estaba por cumplir veinte años, Esteban tomó una decisión consciente: "Nadie me volverá a controlar".

Eso fue más que una declaración pasajera en reacción a un día difícil. Fue una decisión hecha en lo profundo de su corazón, que de ahí en adelante marcó su desarrollo. Cuando tenía unos veinticinco años, se enamoró y se casó con una muchacha encantadora. Si hoy le preguntaras a Esteban si ama a su esposa, rápida y enfáticamente te diría que sí.

Sin embargo, cuando surge un conflicto en su relación, inmediatamente siente que ella está tratando de controlarlo. Estalla con insultos degradantes contra ella. Constantemente le dice cosas que nunca le diría a otra persona. Ella le ha rogado que deje de tratarla así porque lo ama mucho. Han ido a varios consejeros para que ayuden a Esteban con su conducta, pero todo ha sido en vano. Esteban ha intentado sinceramente cambiar, pero lo supera el temor cada vez que percibe que su esposa trata de controlarlo. Antes de que pueda pensar en lo que está haciendo, empieza a increparla. Su esposa está muy frustrada y no sabe qué hacer para relacionarse con el hombre que ama.

Llevó años para que finalmente aflorara lo que había en su corazón, pero al final Esteban dijo inesperadamente que había decidido en su juventud que nadie lo volvería a controlar. Si supieras todas las situaciones que ha vivido con su madre, llegarías a la conclusión de que fue una decisión necesaria; sin embargo, ha saboteado la posibilidad de recibir una verdadera influencia en su vida. Para Esteban, la influencia maravillosa de una esposa que lo amara era una imposibilidad porque se había cerrado a ello para siempre. Durante años, ha tenido temor de las personas que más ama en la tierra.

Esteban no sabe cómo abrirse de una manera segura.

Esteban ahora necesita decidir si quiere aferrarse a la supuesta seguridad de vivir emocionalmente distante de las personas o si quiere darle un lugar significativo a la influencia de su esposa. Él tiene miedo de hacer esto, porque no sabe cómo abrirse de una manera segura. Siente que si baja la guardia aunque sea un poco, le dará el control a ella y a todos. Desde luego que no es verdad, pero ha confiado en su distanciamiento durante tanto tiempo, que no puede imaginar una vida diferente. Siente que es el paso más grande de confianza que alguna vez haya tomado. Le parece peligroso e imprudente, y sin embargo, sabe que perderá a su esposa si no lo hace.

No quiero que me lastimen

Jennifer: La vida de Jennifer ha sido un reto desde que era niña. Su madre tuvo varias parejas sexuales cuando tenía veintitantos años y todavía no está segura de quién es el padre de Jennifer. Además, convivió con varios hombres durante los años de desarrollo de su hija. Algunos de ellos eran buenos y agradables, pero otros eran verbal y físicamente intimidantes. Durante sus años de escuela secundaria, Jennifer vivió a su antojo. No tenía supervisión de nadie y asistía a todas las actividades sociales que quería. Siguió los pasos de su madre y tuvo varias parejas sexuales. Su nivel de discernimiento era casi nulo, y a los diecinueve años, tres hombres la violaron en una de esas actividades sociales.

El dolor en la vida de Jennifer la forzó a llegar a algunas conclusiones sobre ella y sobre cómo debía vivir. Su decisión fue: "Me voy a mantener distante de todos para que nadie me lastime". Por mucho tiempo, esa decisión la ayudó. Conoció y se casó con un hombre equilibrado y dogmático. Él tomaba todas las decisiones importantes de la familia, aportaba un ingreso estable y era previsible en su comportamiento. Ella dio a luz a dos niños preciosos y se dedicó a vivir una existencia relativamente aburrida. Pensaba que podía mantener sus necesidades emocionales en secreto durante toda su vida adulta y entregarse incondicionalmente a su familia.

Esto funcionó bien hasta que su hijo menor empezó la escuela. Ella comenzó a tener más tiempo libre del que estaba acostumbrada, lo cual le dio tiempo suficiente para reflexionar en su vida. Era una mujer dotada de una fuerte personalidad emocional, pero estaba poco desarrollada porque había estado oculta por mucho tiempo. Entonces empezaron a despertarse en ella sus instintos emocionales, y eran fuertes.

Puesto que su carácter no estaba desarrollado, descubrió que su corazón se estaba paseando por una red nociva de interludios románticos. Pensó que podía mantener eso oculto y bajo control, pero uno de ellos prosperó hasta sentir una fuerte atracción. Como ya dijimos, su carácter era demasiado débil para presentar batalla contra esta atracción y pensó que era amor. Finalmente abandonó a su esposo con el que había estado casada diecisiete años y se conformó con un plan de media jornada para visitar a sus hijos. Ahora está tratando desesperadamente de hacer que su nueva relación funcione. Su nuevo esposo intenta ajustarse a sus fuertes necesidades emocionales, pero ella cree que él puede suplirlas, así que él no desmaya.

No quiero tener problemas

Ricardo: El padre de Ricardo era un hombre de negocios riguroso y arremetedor. Era muy exigente con su hijo y crítico en todo lo que hacía. Su madre era igual de rigurosa y exigente, y demostraba muy poco afecto. Su padre y su madre a menudo discutían frente a Ricardo y su hermano sin resolver sus conflictos. Con el tiempo, empezaron a ignorarse el uno al otro cada vez más y a buscar vida social, finanzas y horarios independientes.

Ricardo trató de iniciar algunas relaciones de noviazgo antes de los 21 años, pero ninguna funcionó. Se confundía cuando las muchachas planteaban problemas en su relación. No entendía los conflictos o el proceso para tratar de resolverlos. Al mismo tiempo, descubrió la pornografía en Internet y que despertaba algo dentro de él, que era misterioso y gratificante.

Cuando conoció a Sandra, pensó que finalmente había encontrado a la mujer con la que podría convivir. Sus necesidades eran notablemente menores, y ella parecía ser una mujer con la que era sorprendentemente fácil llevarse bien. Él concluyó que quizá no tendría problemas con ella o que al menos serían esporádicos. Le pidió a Sandra que se casara con él, y ella aceptó.

El primer par de años de matrimonio fue bueno. Ricardo estaba contento porque su interés en la pornografía había disminuido. Desde luego que no se lo comentó a Sandra, porque esperaba que la lucha ya fuera cosa del pasado.

Con el tiempo, Sandra empezó a plantear temas sobre los cuales necesitaban hablar. Ella estaba preocupada porque Ricardo no pasaba tiempo suficiente con sus hijos. Estaba preocupada porque no tenía amigos. Pensaba que estaba rindiendo menos de lo esperado en su profesión y que quizá podía irle mejor. Y no se sentía tan valorada como cuando eran novios.

Ricardo se sintió abrumado y se distanció emocionalmente de ella. Él recuerda el día que decidió: "Es más fácil mirar pornografía que tratar de resolver todos estos problemas con Sandra". Desde ese día en adelante, empezó a pasar más tiempo solo frente a la computadora y menos tiempo con Sandra. Ambos seguían sosteniendo la relación por amor a los niños, pero ninguno de ellos tenía muchas esperanzas de que su relación durara hasta después que sus hijos fueran grandes. Para que Ricardo y Sandra se vuelvan a acercar y se preparen para un futuro juntos, Ricardo tiene que decidir que el reto de desarrollar una relación verdadera es mejor que evadirse en la pornografía.

Puedo enseñarle

Gina: Los padres de Gina estaban muy enamorados y eran padres muy virtuosos. Siempre la animaban en sus actividades y le aseguraban su amor. Ella pensaba que el matrimonio era fácil y que todo lo que tenía que hacer para tener un matrimonio como el de sus padres era enseñarle a su esposo a ser como su padre.

Cuando conoció a Pedro, él estaba estudiando para obtener su licenciatura y era muy querido entre sus compañeros. Le gustaba conversar y se sentía bastante atraído a Gina. No pasó mucho tiempo hasta que se casaron y empezaron a buscar una vida juntos. Desde el principio, Gina hacía fuertes sugerencias sobre cómo debía Pedro acomodar su ropa, invertir el tiempo, sentarse a la mesa a la hora de comer, actuar al regreso del trabajo y así sucesivamente. Todas sus sugerencias eran buenas y bienintencionadas, pero eran incesantes. Muchas de las áreas en las que ella tenía un criterio estricto eran áreas de preferencia y no de necesidad. Al principio, Pedro se sentía halagado por la atención que ella le brindaba, pero finalmente se cansó de las constantes exigencias. Al final encontró solaz en las largas horas de trabajo fuera de su hogar.

Si Gina quiere descubrir el tipo de matrimonio que había imaginado, tendrá que decidir valorar más las opiniones de Pedro y resolver que debe tomarse un tiempo para considerar lo que él quiere en la relación. Como está totalmente segura de que su perspectiva es correcta, tendrá que esforzarse considerablemente para valorar la perspectiva de su esposo así como valora la suya.

■ ■ ■

Otros ejemplos de decisiones relacionales nocivas incluyen:

- "Decidí que nunca me volverían a avergonzar".
- "Decidí que seré feliz a toda costa".
- "Mi profesión es más importante que mi relación".
- "Pienso que me casé con la persona equivocada".
- "Nunca seré como mi madre o mi padre".
- "Nunca podré perdonarlo/a".

Estas decisiones nocivas tienen la capacidad de contaminar el ambiente emocional del matrimonio y producir distancia entre el esposo y la esposa que, a no ser por ello, podrían prosperar en su amor.

El plan de acción

Es mucho más fácil hablar de revertir los efectos de las decisiones nocivas sobre tu capacidad de buscar una relación gratificante y placentera, que llevarlo a la práctica. Estas decisiones han tenido una profunda influencia emocional, social y espiritual sobre ti. Te ayudaron a resistir las circunstancias difíciles que involucraban a las personas más importantes de tu vida en ese momento. Decirte que simplemente lo dejes atrás es poco realista y solo produce más presión y frustraciones en tu relación. Sin embargo, puedes dar pasos que con el tiempo te ayudarán a ser libre de la tiranía de esas decisiones nocivas:

Paso 1: Identificar la decisión nociva. No puedes reemplazar algo de lo que no eres consciente. No puedes aplicar la verdad a un área de tu vida sobre la cual vives engañado. Sacar las conductas destructivas a la luz es el primer paso para la sanidad. Repasa los ejemplos de las decisiones nocivas mencionadas en la sección anterior. Pregúntate: "¿He tomado alguna de estas decisiones?". ¿Eres consciente de otras decisiones nocivas después de leer este capítulo?

Paso 2: Elige intelectualmente una respuesta que sea diferente a la que causó el problema. Puede que tengas que pensar un poco y encontrar tres o cuatro posibles conductas de reemplazo antes de llegar a aquella que estás dispuesto a implementar. Vuelvo a decir que esto es más difícil hacerlo, que decirlo. Desde luego, quieres hacer las cosas diferentes. Estás cansado de lastimar a los seres que más amas. Estás cansado de la frustración que merodea tu vida al no poder cumplir con tus intenciones hacia tu cónyuge y tus hijos. Identificar intelectualmente una manera diferente de hacer las cosas no basta para cambiarla, porque hay fuertes impulsos emocionales que provocan que insistas en hacer las cosas como siempre las hiciste. Sin embargo, no puedes seguir con el paso siguiente hasta que no elijas una conducta diferente.

Paso 3: Pon en oración por treinta días la elección de una nueva conducta. Pídele a Dios que te alerte cuando debes hacer algo diferente de lo que harías normalmente. Pídele a Dios que te dé fortaleza para responder de otra manera. Este es un cambio grande, y necesitarás todos los recursos que puedas encontrar. Necesitarás el apoyo de tu cónyuge, el aliento de tus amigos y, más que todo, la fortaleza espiritual que solo Dios te puede dar.

Paso 4: Practica la nueva conducta premeditada. Cada vez que deliberadamente practicas las acciones de reemplazo, crece tu compromiso emocional con la nueva manera de hacer las cosas. Has estado emocionalmente comprometido con las decisiones nocivas por tanto tiempo, que estás programado para seguir igual. Ha llegado a ser una parte tan arraigada a tu rutina que ahora es automático. No tienes que hacer nada para que se active. Responderá a los impulsos correctos en un abrir y cerrar de ojos. Te llevará de la paz al estrés en un instante. Estallarás de ira contra tus seres amados incluso antes que seas consciente del problema. Te sentirás mal por varios días por lo que has hecho y te disculparás por tu comportamiento, luego provocarás el mismo estrago la próxima vez que la situación de la vida lo amerite.

La única manera de hacerse el hábito de una nueva conducta es practicarla. Nuestros hijos usan una frase en sus actividades atléticas que viene como anillo al dedo: "Cuanto más entrenes, mejor será tu desempeño". Seguramente al principio te costará un poco, pero cuanto más te propongas practicar una nueva conducta, más natural será.

Es hora de ir a la práctica

Abandonar tus reacciones tomará tiempo y práctica. Es aconsejable que visualices cómo será tu nueva reacción la próxima vez que se desencadenen antiguos patrones. Los atletas visualizan su éxito con anticipación para mantenerse enfocados. Los soldados crean una imagen mental de su misión mucho antes de llegar al campo de batalla, para no estar sujetos a sus temores e instintos civiles. Los empresarios visualizan el resultado de las negociaciones antes de la reunión, para desarrollar una mentalidad de confianza. El crecimiento personal funciona de la misma manera. El éxito que visualizamos con anticipación es más probable que se convierta en una realidad.

Resuelve intentar tu nueva conducta apenas seas consciente de que se han activado antiguos patrones. No te preocupes por sentirte incómodo en ese momento. Podrías decir algo como: "Estaba por decir algo tonto, así que no voy a decir nada hasta contar hasta veinte. Después voy a tratar de decir lo que realmente quiero decir". Puede que incluso tengas que decirle a tu ser querido: "No sé cómo reaccionar en este momento. Si sigo mis instintos, estoy seguro de que volveré a hacer lo que no debo. ¿Qué harías tú si estuvieras en mi lugar?".

Vamos a usar a Gina como ejemplo. Su confianza en sí misma hace que tenga un criterio sobre la mayoría de las cosas. Su naturaleza dogmática hace que sea impaciente con las situaciones indecisas. Se exaspera cuando pasa el tiempo y no se resuelven los problemas o si alguien duda para tomar una decisión. En consecuencia, ella se apresura a tomar decisiones en su vida antes que otros las puedan evaluar. También toma decisiones por otras personas si estas dudan y no llegan a una conclusión que es obvia para ella. Esto abarca la mayoría de las situaciones en la vida puesto que ella considera que son obvias.

El paso 1 para Gina es identificar que su impaciencia con los demás es nociva para sus relaciones. Las personas que la rodean se vuelven pasivas porque ya saben que, de todos modos, ella tomará las decisiones. Entonces se resienten con ella, porque ya no sienten que están en igualdad de condiciones en cualquier actividad que quieran realizar.

El paso 2 para Gina es decidir una manera de actuar diferente. Ella sabe que no puede ser indecisa porque eso iría en contra de su misma naturaleza. Es una líder nata y con una fuerte inclinación a tomar decisiones. Sin embargo, puede manejarlas de otra manera. Ella concluye que sería buena idea preguntarse: "¿Es esto mi responsabilidad?". Sus instintos le decían que todo era responsabilidad de ella, pero empezó a pensar que probablemente no fuera cierto. Podría ser simple para otros, pero esa fue una decisión inmensa para ella. Concluyó que debía ser decisiva sobre todo lo que fuera su responsabilidad, pero no se inmiscuiría en el resto de las cosas. Intelectualmente sabía que era lo correcto, pero todos sus instintos se rebelaban contra su conclusión.

El paso 3 para Gina es orar por esto. Podría pedirle a Dios que le dé sabiduría para identificar claramente las áreas de la vida que están bajo su responsabilidad. También podría pedir la misma claridad para identificar las áreas de la vida que debe dejar a otros.

El paso 4 para Gina es tomar una medida preventiva y preguntarse: "¿Es esto mi responsabilidad?". Si lo es, tomar la decisión. Si no lo es, no inmiscuirse. Puede practicar esto en el espejo, mientras camina y en su tiempo de oración personal. También puede practicarlo mientras cumple su rutina diaria. La verdadera prueba llegará la próxima vez que alguien sea indeciso para tomar una decisión en un área que realmente no es responsabilidad de ella. Ella sabe que sus instintos le van a gritar que haga algo, aunque entiende que no debe transigir.

Momento decodificador: Tu plan de acción

Toma unos minutos para identificar tu plan de acción y revertir una decisión nociva en tu vida:

Paso 1: Respondan cada uno esta pregunta:

Siento que me descontrolo más en nuestra vida cuando ______ ______________________________(menciona un ejemplo), y cuando me siento descontrolado, pienso que yo ______________________ (menciona la conducta).

Esa conducta se vuelve nociva cuando yo ____________________ __________________(menciona un momento en el que sentiste que quizá no manejaste bien tus sentimientos). Lamento haber recurrido a esta conducta, y te estoy pidiendo perdón.

(Ejemplo: Me siento más descontrolado en nuestra vida *cuando no tenemos suficiente dinero para las necesidades básicas*, y cuando me siento descontrolado pienso que hay que *empezar a trabajar horas extra y limitar todos los gastos*.

Esa conducta se vuelve nociva cuando *te subestimo por tu contribución*. Lamento haber recurrido a esta conducta, y te pido que me perdones).

Paso 2: Diferentes formas de actuar, en vez de lo que normalmente hago.

Idea 1

Idea 2

Idea 3

Paso 3: Orar por tu nuevo plan durante treinta días.

Fecha en la que empezaré a orar:

Fecha en la que pasaré de la oración a la acción:

Paso 4: Elige una de las ideas y escribe dos o tres maneras de practicar esta nueva conducta.

Plan para la práctica 1

Plan para la práctica 2

Plan para la práctica 3

Cuando suenan las alarmas en tu relación, es hora de unirse y entrar en acción.

ABRE EL CANDADO DE TU AMOR

Cena y diálogo para una comunicación de corazón a corazón

Tengan un encuentro esta semana para renunciar cada uno de ustedes a una decisión o acción antigua y hablar sobre la nueva decisión que han tomado, que será más saludable para la relación. Cuando tu cónyuge hable, evita decir:

- "Te lo dije".
- "¡Era hora!".
- "¡Eso no es lo único!".
- "¿Es lo único que se te ocurre?".

En cambio di: "Gracias por comentármelo. Gracias por trabajar en nuestra relación para que sea mejor para ambos".

8

Metas de oro

"El fruto del espíritu es... bondad...".

Por fin tenemos un GPS. Cuando éramos niños, el GPS estaba reservado para los militares, el sector aeronáutico y los capitanes de barco. La idea de que un sistema satelital te dijera dónde estabas quedaba reservada para los más sofisticados y ricos de nosotros. Era asombroso leer sobre estos, porque se parecía demasiado al estilo James Bond, como para que alguna vez formara parte de nuestra realidad cotidiana.

Después nos enteramos de que se les podía implantar dispositivos a las mascotas y que estos podían conectarse a un GPS para que si alguna vez Fito se perdía, pudiéramos encontrarlo y preguntarle: "¿En qué estabas pensando?"; "¿Por qué quieres alejarte de las personas que te aman y te alimentan todos los días?".

Luego compramos un automóvil al que se le podía instalar un sistema de seguridad que funcionara con un GPS. Si alguna vez robaban nuestro auto, podíamos llamar a un número que activaría el sistema. Los satélites encontrarían el auto y guiarían a la policía directo hasta el ladrón.

Y ahora tenemos un GPS que viaja con nosotros y nos ayuda a encontrar nuestro destino. Existen tres motivos por los que nos encanta nuestro GPS: (1) Su visión de la vida es más amplia que la nuestra. Desde su posición en el espacio, el satélite puede ver dónde hemos estado, hacia dónde nos dirigimos y cuál es el mejor camino para llegar hasta allí. (2) Nos da instrucciones específicas para el viaje. Nuestro dispositivo nunca nos dice tan solo que demos la vuelta y que descubramos en qué dirección seguir. Nos dice para qué lado debemos doblar y cuándo debemos hacerlo. (3) Nos ayuda a recuperar el rumbo cuando estamos perdidos. Si doblamos mal o no le prestamos atención al sistema por un rato, el GPS recalculará la ruta y nos guiará por un nuevo trayecto hasta el mismo destino.

Cuando ustedes llevan una vida en común, necesitan crear su propio GPS para conducirse por el lado productivo de la vida.

La misión

Tu vida te costará una pequeña fortuna. Tu casa cuesta dinero, tus hijos cuestan dinero, tus errores cuestan dinero, y tus autos cuestan dinero. Para mantenerte al día con esos gastos interminables, debes hacer el compromiso de ganarte la vida. En consecuencia, preguntas importantes sobre las carreras laborales en varias ocasiones ocupan el primer plano para cada pareja. La capacidad de descifrar cuál es el mejor rumbo para cada cónyuge les da la libertad de seguir enamorados. Competir en el ámbito de sus planes profesionales desgasta el amor y cierra la puerta de sus corazones.

> Tu vida te costará una pequeña fortuna.

Por lo tanto, el éxito de una pareja está vinculado a la capacidad de responder preguntas como: "¿Cuál es la mejor carrera para mí?"; "¿Cuál es la mejor carrera para mi cónyuge?"; "¿Cómo coordinamos nuestras carreras para alcanzar nuestros objetivos familiares?"; "¿Cómo equilibrar el tiempo destinado al trabajo y a la pareja para maximizar nuestra capacidad de sostener económicamente a quienes amamos?".

Diseñados para trabajar

Cada uno de nosotros fue diseñado para trabajar. En el capítulo 3, explicamos que a ti y a cada miembro de tu familia se les otorgó una capacidad singular que es eficaz y tiene influencia sobre otros. Uno de los motivos por los cuales se te dio ese talento es para que puedas desarrollar una carrera suficientemente exitosa, que te permita mantener a tu familia, y suficientemente significativa, que te permita alcanzar el propósito por el cual formaste una familia.

Yo (Bill) recuerdo con claridad, al inicio de mi edad adulta, el encanto cautivador de tener una carrera. Pam y yo nos casamos a los veinte años. Mi nivel de responsabilidad en la vida aumentó en un instante. Todavía puedo visualizar los pensamientos que me impulsaban cuando estaba recién casado:

- Amo a esta mujer como nunca he amado a nadie.
- Quiero que ella esté orgullosa de mí.
- Tenemos cuentas que pagar.
- Necesito descubrir cómo hacer algo que me guste y ganar dinero suficiente para cuidar de nosotros.

Debido a mis necesidades, me comprometí a obtener la Licenciatura y luego la Maestría en Teología, porque me di cuenta de que amaba el ministerio. Con la confianza inicial, perseguí esos objetivos con fervor y diligencia. Me comprometí con los primeros pasos de mi carrera y me sentí bien con lo que hacía.

Entonces Pam y yo tuvimos hijos y experimenté una nueva serie de pensamientos:

- Amo a estos niños más de lo que jamás pude imaginar.
- Estoy dispuesto a hacer lo que sea necesario para cuidar de estos pequeños.
- ¡Estos niños sí que comen mucho!
- ¿Cómo hacen para romper todo lo que agarran?
- Me encanta lo que hago, pero necesito ganar más dinero con mi trabajo.

Una nueva velocidad

Cambié de velocidad y trabajé duro. Trabajé como pastor, también hice planos de casas para poder afrontar los compromisos financieros y soñé con el futuro. Realmente creía que vivíamos en armonía y que había descubierto cuál era el plan de Dios para nuestras vidas.

Entonces tuvimos a nuestro tercer y último hijo. Al principio el cambio fue sutil, pero cuando nuestro hijo menor cumplió dos años, la pasión de Pam por su carrera ardía con intensidad. Quería que ella tuviera éxito, pero no quería que su éxito interfiriera con el mío. Por primera vez en la vida, tenía la sensación de que estaba compitiendo con Pam. Había dado por sentado que estábamos de acuerdo en cuanto a nuestros objetivos laborales. Mis metas eran sus metas. Su meta era que yo tuviera éxito. Intelectualmente, sabía que algún día perseguiría sus propias metas, pero no sabía que eso limitaría mi capacidad de dedicarme de lleno a mi carrera.

Una serie de pensamientos distintos y sorprendentes ahora nublaban mi manera de pensar:

- Todavía amo a esta mujer más de lo que nunca he amado a alguien.
- Es una mujer increíblemente talentosa.
- No puedo creer que esté compitiendo con ella para tener más tiempo y oportunidades.
- Creo que ella tiene más energía que yo. ¿Podré mantenerme en el camino del éxito, mientras ella está tan enfocada en su carrera?
- ¿Cómo les irá a nuestros hijos si ambos estamos tan ocupados?
- Espero que Pam no resulte ser tan controladora como era mi madre.

Cuando miro atrás, el interés de Pam por su carrera estaba lejos de ser una amenaza tan grande para la mía como yo lo había imaginado, pero sin duda en ese momento a mí me parecía que sí lo era. Discutí mucho con Pam durante esos años, porque para mí ella debía mantener el equilibrio en cuanto a sus compromisos. Incluso pensé: *Necesito ponerle un freno por lo menos una vez al año para que sus actividades no tomen el control de nuestras vidas.*

Ahora que lo pienso, sé que mi reacción fue muy exagerada. Pam y yo hemos creado un ministerio en el que damos conferencias y escribimos libros, y los dos lo disfrutamos. Pam es mucho mejor que yo en mercadotecnia y en el manejo de las redes sociales. Tiene más confianza en sí misma cuando se trata de creer que las personas querrán escuchar nuestro mensaje. Tiene mucho talento para manejar la vida de manera independiente durante los viajes.

Supimos que íbamos a tener que idear un plan para preservar el éxito y la seguridad en nuestro matrimonio. Ambos deseábamos progresar en nuestras carreras y mejorar nuestra vida amorosa sin competir con el otro.

PRIMERA ETAPA DE PRODUCCIÓN: FIJAR METAS

Es bueno trabajar de acuerdo con los planes que Dios tiene para ti como individuo, y es bueno ser lo más productivo posible. Cuando les escribió a sus amigos de la ciudad de Filipos, el apóstol Pablo reveló gran interés y pasión por su meta: "...sigo adelante esperando alcanzar aquello para lo cual Cristo Jesús me alcanzó a mí... olvidando lo que queda atrás y esforzándome por alcanzar lo que está delante, sigo avanzando hacia la meta para ganar el premio que Dios ofrece mediante su llamamiento celestial en Cristo Jesús" (Fil. 3:12-14). Pablo no se mantenía pasivo en su lucha por alcanzar sus objetivos, sino que seguía adelante. No se limitaba a esperar que las cosas pasaran, sino que seguía adelante.

Tal vez no puedas expresar tu propósito en la vida o discernir tu destino, pero puedes identificar qué próximo paso debes dar.

Podemos reconocer una meta efectiva por cinco factores: es específica, responde a la pregunta: "¿Cuál es el paso siguiente?", es flexible, refleja tu ritmo y está basada en tu capacidad.

Específicas. Las metas efectivas son concretas. "Queremos acercarnos este año" es un buen deseo, pero es una meta poco clara. Es difícil saber cuándo estás tan cerca como lo esperas. Es mejor tener una meta específica, por ejemplo: "Este año tendremos una salida una vez por semana" o "Los dos escribiremos diez temas sobre los que queremos conversar, que no incluyan responsabilidades laborales ni financieras".

El paso siguiente. Las metas efectivas responden a la pregunta: "¿Cuál es el paso siguiente?". Dado que las metas están pensadas para mantenernos en movimiento, su finalidad principal es ayudarnos a descubrir cuál es el paso siguiente en nuestras vidas. Tal vez no puedas expresar tu propósito en la vida o discernir tu destino, pero puedes identificar qué próximo paso debes dar.

Flexibles. Las metas eficaces no son rígidas. Aunque quieres que te vaya bien en la vida, nadie conoce el futuro. Para fijar metas, no es necesario que sepas exactamente cómo van a resultar las cosas. Las metas están pensadas para mantenernos en movimiento y que Dios nos guíe en su plan. No es necesario saber exactamente dónde terminarás. Solo necesitas elegir una dirección y decirle a Dios que cooperarás con Él si cambia la dirección para tu vida. Creemos que ese es el propósito de Proverbios 16:9:

El corazón del hombre traza su rumbo,
pero sus pasos los dirige el Señor.

Nuestra tarea es planificar nuestro camino. La tarea de Dios es dirigir nuestros pasos.

El ritmo. Puedes perseguir metas eficaces a tu propio ritmo. Las metas que te empujan a moverte más rápido de lo acostumbrado te provocarán cansancio. Las metas que hacen que desaceleres el ritmo también te cansarán. Cuando tienes metas que coinciden con tu mejor ritmo, te resultarán gratificantes y energizantes.

Basadas en tu capacidad. Las metas eficaces reflejan tu capacidad singular. Cada meta que fijas que está basada en lo que mejor haces requerirá, relativamente, poco esfuerzo y tendrá un mayor efecto que otras cosas que haces.

RECOPILACIÓN DE PRUEBAS

Responde las siguientes preguntas y comenta tus respuestas con tu cónyuge:

- ¿Qué paso quiero dar en mi carrera este año?
- ¿De qué manera refleja ese paso mi capacidad singular? (¿Es algo para lo que Dios me llamó según mi capacidad, mis talentos y mi pasión?)
- ¿De qué manera se ajusta este paso a mi ritmo? (¿Acelerará nuestro ritmo de vida? De ser así, ¿durante cuánto tiempo? ¿Desacelerará nuestro ritmo de vida? De ser así, ¿durante cuánto tiempo?).
- ¿De qué manera afectará este paso a nuestro matrimonio y nuestra familia? (¿Tendré más o menos tiempo con mi pareja, mis hijos, mis familiares?).

¿Qué paso quiero dar en mi carrera en los próximos cinco años?

- ¿De qué manera refleja este paso mi capacidad singular?
- ¿De qué manera se ajusta este paso a mi ritmo?
- ¿De qué manera afectará este paso a nuestro matrimonio y nuestra familia?

SEGUNDA ETAPA DE PRODUCCIÓN: EVALUACIÓN BASADA EN PRIORIDADES

Se puede asignar una prioridad a todas las actividades y los compromisos que forman parte de tu vida. Tienes prioridades A, que son "indispensables". Tienes prioridades B, que son importantes para ti porque mejoran tu vida, pero no te interesan tanto ni te parece imprescindible cumplirlas. Además, tienes prioridades C, que te gustaría cumplir, pero que no son absolutamente necesarias o que puedes cumplirlas en plazos más flexibles.

Surge un problema cuando no cuentas con el tiempo ni los recursos suficientes para cumplir con todas las prioridades. Si te cuesta determinar tus prioridades, te parece que todas las cosas tienen igual importancia. Eso no es un problema si solo tienes que cumplir con cuatro o cinco responsabilidades; pero si fuera así, sin duda alguna no estarías casado, no tendrías hijos y estarías aislado de la gente.

Si combinas todas tus prioridades, tendrás una de estas dos reacciones: estarás aletargado o hiperactivo. Tal vez llegues a la conclusión de que es imposible hacer todo lo que debes hacer al nivel que consideras que debería hacerse. Esa situación te desalentará y te llevará a la inactividad, o quizá encares las responsabilidades con un intento frenético de hacer todo de manera perfecta. Debido a que eso es inalcanzable, enloquecerás a todos los que te rodean con tus expectativas, mientras los reclutas para que te ayuden a cumplir algo imposible.

El problema no es pensar que todo es importante, sino pensar que todo tiene la misma importancia. El propósito de tener prioridades es administrar tus esfuerzos. Tus prioridades A merecen lo mejor de ti. Debes estar dispuesto a exigirte al máximo, trabajar duro y sacrificar otras áreas de tu vida para alcanzar esas metas. Las prioridades B deberían requerir un buen esfuerzo, pero no el que empleas en las prioridades A. En cuanto a las prioridades C, deberías poner en ellas lo que te queda de resto. No es necesario que realices esas actividades con excelencia, y tal vez, ni siquiera haga falta realizarlas. Tienes la libertad de decidir qué consideras "casi aceptable" en estas prioridades, y obrar en consecuencia.

Tus prioridades A merecen lo mejor de ti.

Cuando tenazmente pones esfuerzo en tus compromisos según su nivel de prioridad, descubres la clase de satisfacción que produce saber que las cosas más importantes de tu vida están prosperando.

RECOPILACIÓN DE PRUEBAS

De la siguiente lista, asignen una prioridad a cada aspecto de sus carreras. Utilicen un bolígrafo de diferente color para cada uno de ustedes.

A B C Quiero un empleo de tiempo completo en una empresa.

A B C Quiero trabajar para una empresa, pero desde mi casa.

A B C Quiero un trabajo de medio tiempo.

A B C Quiero tener un horario fijo.

A B C Quiero tener mi propia empresa.

A B C Quiero un ingreso fijo.

A B C Quiero tener la libertad de tomar decisiones financieras sin tener que hablar demasiado con los demás.

A B C Quiero que mi remuneración incluya un seguro de salud.

A B C Quiero que mi remuneración incluya un plan de jubilación.

A B C Quiero trabajar duro en mi carrera, mientras nuestros hijos sean pequeños.

A B C Quiero trabajar duro en mi carrera, mientras nuestros hijos sean adolescentes.

A B C Quiero trabajar duro en mi carrera cuando nuestros hijos se hayan ido de casa.

A B C Quiero jubilarme anticipadamente.

A B C No quiero jubilarme (es posible que cambie de carrera o trabaje menos horas, pero me encanta trabajar).

TERCERA ETAPA DE PRODUCCIÓN: EQUILIBRAR LA CARRERA LABORAL

¿Recuerdas las conversaciones al principio de tu matrimonio cuando preguntabas…?

—¿Qué te gustaría cenar, cariño?

—No sé. ¿Qué opciones tenemos?

—Bueno, veamos. Podemos darnos un banquete con una cazuela de atún. Podemos darnos un gusto y comer perritos calientes y frijoles. O podemos deleitarnos con los espaguetis que sobraron. ¿Qué prefieres?

Muchas parejas recuerdan sus primeros días juntos como algunos de los momentos más memorables, significativos y de menos recursos económicos de su vida. Rememoramos los días de las vacas flacas y nos reímos cuando recordamos cuán creativos teníamos que ser para estirar al máximo nuestro escaso dinero. Sin embargo, ninguno de nosotros quiere tener que enfrentar problemas financieros durante toda la vida.

Muchas parejas recuerdan sus primeros días juntos como algunos de los momentos más memorables, significativos y de menos recursos económicos de su vida.

Cada uno de ustedes fue creado para ser productivo. Eso comenzó con Adán y Eva cuando "Dios el Señor tomó al hombre y lo puso en el jardín del Edén para que lo cultivara y lo cuidara" (Gn. 2:15). El primer trabajo de la pareja fue cultivar el jardín para que fuera más productivo y no creciera demasiada vegetación o malezas. Eso demandaba creatividad así como resolución de problemas, y el ser humano fue creado exactamente para eso.

El relato de la torre de Babel nos da un notable ejemplo del talento extraordinario que Dios le dio al ser humano. Sin duda, el contexto es negativo, pero la realidad es que el hombre es increíblemente creativo, capaz e innovador. Si bien Dios no podía respaldar el proyecto, aun así reconoció el gran nivel de capacidad inherente al hombre y la mujer. "Pero el Señor bajó para observar la ciudad y la torre que los hombres estaban construyendo, y se dijo: 'Todos forman un solo pueblo y hablan un solo idioma; esto es sólo el comienzo de sus obras, y todo lo que se propongan lo podrán lograr'" (Gn. 11:5-6).

Tanto tú como tu cónyuge tienen talentos. Tienen algo que aportar, y es necesario que lo expresen en medio de los retos de la vida. Se descubrieron el uno al otro porque encontraron algo que les resultó atractivo. De alguna forma, llegaron a la conclusión de que podían construir una vida juntos. Como te has dado cuenta, es más fácil soñarlo que llevarlo a cabo. Uno de los grandes retos que ustedes enfrentan es equilibrar sus objetivos para que ambos hagan su aporte a la vida, y la relación florezca.

Yo (Pam) estoy preocupada por el número de mujeres que abandonan a hombres buenos y estables que son un buen sostén para su familia, padres diligentes y esposos afectuosos. Estos hombres a menudo no son románticos en el sentido de la novela romántica, es decir, en el sentido de regalar flores y dulces, y mostrarse apasionados. A veces los hombres manifiestan su romanticismo de manera diferente. Construyen una casa y se aseguran de que la cocina mire hacia el jardín del fondo para que la esposa pueda ver jugar a los niños. Le regalan un conjunto de llantas nuevas en la Navidad para que conduzca segura en la carretera.

Uno de los grandes retos que ustedes enfrentan es equilibrar sus objetivos para que ambos hagan su aporte a la vida, y la relación florezca.

Mientras alentamos a esos esposos a leer nuestro libro *Red-Hot Monogamy* y a desarrollar músculos para el romanticismo, también queremos advertir a las mujeres a que no abandonen a hombres buenos para arrojarse en los brazos de alguien con mucha labia. Si puede convencerte con su labia, también puede convencer a otra mujer con la misma facilidad cuando se haya cansado de jugar contigo.

La llave para abrir la puerta del amor cuando estás casada con "un hombre bueno y estable" es conocer la leyenda del mapa de su corazón. Los siguientes símbolos quizá sean maneras que él tiene de expresar su romanticismo:

- Pintar la casa significa: "Estoy orgulloso de ser tu marido y quiero que estés orgullosa de vivir en la casa que puedo proveer".
- Cortar el césped significa: "Quiero que tengas los sábados libres para estar con nuestra familia, por eso me ocuparé del jardín".
- Trabajar muchas horas significa: "Creo que eres una mujer extraordinaria y quiero que tú y los niños tengan lo mejor que la vida les pueda ofrecer".

Ambos cónyuges deben tener en cuenta la siguiente advertencia mientras progresan en su carrera laboral. Cuando ganamos dinero, es fácil volvernos independientes, y alejarnos cuando las cosas se complican. Según el periodista Michael Noer, que escribe para la revista *Forbes*, es más probable que las mujeres profesionales que ganan más de treinta mil dólares por año se divorcien de sus maridos.[17] Además, las mujeres inician el trámite de divorcio en el 70% de todos los casos, lo que debería obligarnos a hacer una pausa y preguntarnos: "¿Por qué tantas mujeres quieren dejar a sus maridos?".[18]

Un estudio canadiense revela una tendencia similar: las mujeres de los Estados Unidos tienen el doble de posibilidad que los hombres de presentar una demanda de divorcio. Janis Magnusson, mediadora de divorcios de Calgary, afirma que a menudo encuentra mujeres con expectativas irreales sobre el matrimonio y su pareja. "Las mujeres esperan un Príncipe Azul, mientras que los hombres solo desean una esposa, sexo, comida y trabajo".[19] A decir verdad, algunas mujeres presentan la demanda, porque es un elemento más de la lista que el esposo no puede cumplir. Con estadísticas tan altas, las mujeres debemos hacer un alto y preguntarnos cuando estamos enojadas: "¿Acaso estoy siendo poco realista?"; "¿Podría algún hombre satisfacer mi necesidad actual o solo Dios puede satisfacer esta necesidad?".

Equilibra tus objetivos con oración

El sistema de GPS debe conectarse a un satélite antes de poder identificar nuestra ubicación o planificar eficazmente una ruta por donde conducir. De la misma manera, tú necesitas relacionarte con el Único que tiene una visión panorámica de tu vida. Él conoce el final desde el principio y sabe cómo se hilvanan los acontecimientos de tu vida. Él conoce tus dones y deseos porque te creó y puede leer tu corazón. Él también "dispone todas las cosas para el bien" de la vida de ustedes como individuos y como pareja (Ro. 8:28). Y además prometió darte mucha sabiduría:

> Yo te instruiré, yo te mostraré el camino que debes seguir;
> yo te daré consejos y velaré por ti (Sal. 32:8).

---

17. En línea, http://www.forbes.com/home/2006/08/23/Marriage-Careers-Divorce_cx_mn_land.html.
18. En línea, http://www.askmen.com/fashion/austin_60/92_fashion_style.html.
19. En línea, http://www.fact.on.ca/newpaper/ar990111.htm.

Es de público conocimiento que las parejas que oran juntas con regularidad tienen un matrimonio más estable y dicen tener un mayor nivel de satisfacción que aquellas que no oran juntas. Una de las razones principales es que existen menos conflictos sobre las carreras laborales cuando ambos cónyuges buscan sabiduría en el mismo Dios.

Dios no duda ni nos manipula. Él nunca guiará a tu cónyuge en una dirección, mientras te guía a ti en la dirección contraria. Reconocerán el sentido de unidad sobrenatural en sus objetivos, por lo cual estarán más dispuestos a comprometerse con esos objetivos mientras, al mismo tiempo, estarán dispuestos a postergar voluntariamente sus planes personales para seguir los del cónyuge cuando su carrera está en primer plano.

Si te das cuenta de que estás compitiendo, empieza a orar por tu pareja. Pídele a Dios que maximice sus logros, su potencial y su futuro éxito. También pídele a tu pareja que ore por ti. Después de orar el uno por el otro durante un período determinado (unas pocas semanas o meses), vuelvan a conversar sobre el tema y observen cómo Dios los puede estar guiando hacia un plan más unificado. Busquen un camino que puedan transitar juntos o, por lo menos, seguir en la misma dirección para así mantener la meta sublime de un matrimonio feliz y satisfactorio, mientras se dedican a distintas carreras.

Equilibra tu intensidad según tu interés

El interés por una carrera varía entre el deber y un sentido del destino. Algunos trabajan porque deben hacerlo, mientras que otros trabajan por el puro placer de obtener logros. A veces la señal satelital enviada a tu GPS es fuerte; otras veces es débil.

De manera similar, cada persona tiene una "señal" con respecto a su carrera. En algunos, la señal es fuerte. En otros, es relativamente débil. Eso no significa que las personas que tienen una señal fuerte en su carrera sean superiores; la vida es mucho más que solo trabajar. Es necesario educar a los hijos, y eso requiere de una enorme inversión. Los vecindarios necesitan ciudadanos activos que ayuden a que su comunidad funcione bien. Las iglesias necesitan

Algunos trabajan porque deben hacerlo, mientras que otros trabajan por el puro placer de obtener logros.

voluntarios que dediquen parte de su tiempo y talento para crear un entorno de gracia y crecimiento.

Es probable que uno de ustedes tenga una señal más fuerte en su carrera. Fuiste creado con una señal fuerte porque se espera que tengas un fuerte compromiso con la productividad económica y tu influencia en el lugar de trabajo. Tienes que hacer una importante contribución al mundo laboral, que puede tratarse de una innovación en tu campo o tu influencia sobre la vida de las personas en el trabajo. Para ayudarte a reconocer esa área de influencia, se te ha concedido un gran deseo de trabajar y una gran capacidad para cumplir con las demandas de tu carrera. Para tu matrimonio, será mejor que tengas un fuerte compromiso con tu carrera. Si tienes que disminuir la señal de tu corazón, te sentirás inquieto e irritable. Es probable que pongas demasiada presión sobre los miembros de tu familia porque intentarás cumplir tu deseo de producir a través de ellos.

Es imposible hacer un resumen de todas las combinaciones de señales que tienen sus carreras. Tal vez ambos tengan señales fuertes. Tal vez ambos tengan señales débiles. Tal vez uno tenga todas las barras encendidas, mientras que tal vez el otro tenga solo dos. La clave es explorar la combinación única que existe en la relación de ustedes y tomar decisiones sobre ambas carreras que sean coherentes con la combinación de la pareja.

RECOPILACIÓN DE PRUEBAS

Marca la frase que mejor describe tu deseo de dedicarte a una carrera.

Esposo	**Esposa**	
☐	☐	Sueño con ser más eficiente en mi carrera.
☐	☐	Valoro más a mi familia cuando ellos valoran mi carrera.
☐	☐	Me siento bien con mi vida cuando trabajo duro.
☐	☐	Me gusta ir a trabajar tanto como me gusta estar en casa.
☐	☐	Me gusta ir a trabajar, pero podría dejar mi trabajo.
☐	☐	Prefiero pasar tiempo en mi casa que en el trabajo.
☐	☐	Me gusta más mi vida cuando no tengo que trabajar.

☐ ☐ Obtengo mucha más satisfacción cuando realizo actividades de voluntariado que cuando trabajo.

Observa los dos gráficos de barras que están abajo. Imagina que son las barras de tu celular o la señal inalámbrica de tu computadora. Pinta las barras que creas que te gusta tener en tu carrera. ¿Cuál es tu nivel de intensidad?

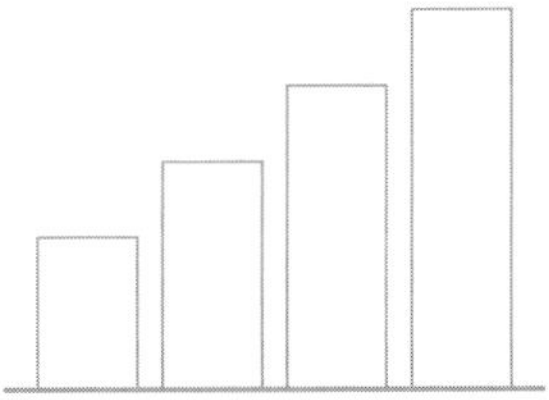

La intensidad de mi carrera (Esposo)

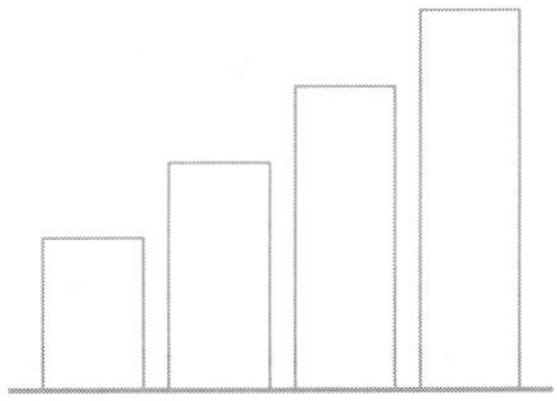

La intensidad de mi carrera (Esposa)

Equilibra tus iniciativas según tu eficiencia

Es probable que uno de ustedes tenga más posibilidades de generar ingresos. Uno de ustedes puede ganar más dinero que el otro en la misma cantidad de tiempo. Por lo tanto, tiene sentido enfocarse más en la carrera de tu cónyuge. Sin embargo, es sorprendente notar con cuánta frecuencia eso se convierte en un motivo de tensión. Se instala el miedo en la pareja, y eso hace que sea más difícil que funcione todo el sistema. Tal vez te sientes inferior a tu cónyuge y por eso exiges tener la misma oportunidad para desarrollar tu carrera. Tu cónyuge debe hacer sacrificios para que puedas lograr tus metas. El resultado es menos dinero por la misma inversión de tiempo.

Tal vez solo sea tu orgullo. Eso ocurre con frecuencia cuando la esposa tiene más capacidad de generar ingresos que su marido. El hombre se siente amenazado en su ego, y el temor se apodera de él. De alguna manera, te sientes inferior porque tu esposa gana más dinero que tú. Tienes miedo de perder tu estatus de héroe frente a ella si tiene un sueldo más alto. Sin embargo, sabes que ella realmente puede ganar más dinero que tú, por eso igualar su potencial te requerirá un enorme esfuerzo. Si no puedes aplacar tu orgullo, pelearás obstinadamente por tu derecho a trabajar tan duro como sea necesario.

Es probable que uno de ustedes tenga más posibilidades de generar ingresos.

¡No tiene por qué ser así! Dios creó a cada uno de ustedes con una capacidad específica para generar dinero para que pudieran equilibrar los compromisos laborales de acuerdo con su potencial y no de acuerdo al sexo.

RECOPILACIÓN DE PRUEBAS

Marquen la frase que mejor los describe como pareja:

- ☐ En nuestro matrimonio, el esposo tiene mucho más potencial para generar ingresos que la esposa.
- ☐ En nuestro matrimonio, la esposa tiene mucho más potencial para generar ingresos que el esposo.
- ☐ En nuestro matrimonio, el esposo tiene un potencial para generar ingresos moderadamente mayor que la esposa.
- ☐ En nuestro matrimonio, la esposa tiene un potencial para generar ingresos moderadamente mayor que el esposo.
- ☐ En nuestro matrimonio, el esposo tiene un poco más de potencial para generar ingresos que la esposa.
- ☐ En nuestro matrimonio, la esposa tiene un poco más de potencial para generar ingresos que el esposo.
- ☐ En nuestro matrimonio, tenemos más o menos el mismo potencial para generar ingresos.

Ahora hablen sobre cómo se sienten con respecto a las opciones que cada uno marcó. ¿Pueden dar algún paso para llevar su potencial de generar ingresos hasta un nivel en el que ambos se sientan cómodos, y aun así proteger la relación? Tal vez el próximo apartado también arroje luz sobre el estancamiento en el que podrían creer que todavía están.

Equilibra tu carrera según la cooperación

A medida que se agranda tu familia, cambian las demandas sobre tu persona. Antes de tener hijos, tienes la libertad de dedicarte a tu carrera en cualquier nivel de compromiso que desees hacer. Puedes salir de tu casa libremente y estar afuera el tiempo que sea necesario, porque no tienes hijos en casa que requieran cuidados. Cuando los niños empiezan a caminar, tu vida cambia radicalmente. Ellos tienen necesidades todo el tiempo, y debes estar atento a toda hora. Cuando tus hijos comienzan la escuela, sientes que recuperaste parte de tu vida porque tienes más libertad durante las horas diurnas. En su adolescencia, te conviertes en un espectador del crecimiento y de los logros de tus hijos. Pero los adolescentes requieren de mucho tiempo, en especial antes de aprender a manejar, por ese motivo, por lo menos uno de los dos padres necesita estar más enfocado en las necesidades de sus hijos. Finalmente, cuando los hijos se vayan de casa para emprender su propia vida, te harás una de las preguntas más importantes de tu vida mientras entras a la etapa más productiva: "Ahora que tengo más tiempo, ¿cómo voy a utilizarlo?".

En cada etapa de tu matrimonio, tendrás diversos grados de libertad y energía. Según las decisiones que tomen, uno de ustedes podrá invertir más esfuerzo en su carrera, mientras que el otro se enfocará más en las necesidades de la familia. Si desean maximizar el potencial de sus carreras, es muy probable que necesiten turnarse para desarrollarlas, mientras mantienen el equilibrio entre el trabajo y la familia.

Por cierto, ese ha sido el camino que nosotros hemos transitado. Al principio de nuestro matrimonio, decidimos que yo (Bill) me dedicaría intensamente a terminar mi carrera universitaria y a consolidarme como pastor. Eso funcionó bien mientras nuestros hijos eran pequeños, porque yo progresaba y Pam podía disfrutar de sus embarazos y de amamantar a nuestros hijos sin tener que estar pendiente del reloj. Ella respondió muy bien a las necesidades de ellos durante esa importantísima etapa del crecimiento.

Cuando nuestros hijos empezaron a ir la escuela, Pam se enfocó en el desarrollo de su carrera. Regresó a la universidad para obtener su título. Dio más cursos de estudios bíblicos para mujeres. Comenzó a dedicarse en serio a escribir, primero para un periódico y luego para revistas, antes de firmar sus dos primeros contratos para publicar un libro. Durante ese período, yo tuve horarios más flexibles y

En cada etapa de tu matrimonio, tendrás diversos grados de libertad y energía.

pasé más tiempo con nuestros niños para que Pam pudiera cumplir con todos sus compromisos.

Cuando nuestros hijos entraron en la adolescencia, nuestra dedicación a nuestras carreras fue muy similar. Nuestros muchachos estaban ocupados con sus compromisos y no nos necesitaban de la misma manera. Antes de esa etapa, casi necesitaban atención permanente.

Ahora precisaban que nosotros estuviéramos atentos a los momentos clave de sus vidas. Se manejaron sin problemas durante un tiempo, y después llegó un momento importante. Obtuvieron un logro que nosotros necesitábamos aplaudir o cometieron algún error que debíamos corregir. Tuvimos que organizar nuestras vidas para poder reconocer esos momentos y responder a ellos. Además, uno de nosotros se ocupó de determinadas necesidades de cada hijo para compartir las obligaciones y responsabilidades de la crianza.

Todo el proceso nos recuerda la manera en que funciona "Tamy". Tamy es el nombre cariñoso que le pusimos al GPS del auto de Pam. Cuando lo pusimos en marcha por primera vez, el sistema nos permitió elegir una voz. Elegimos una voz de mujer y, como la marca es TomTom, la nombramos Tamy. Tamy permanece en silencio durante largos períodos hasta que quiere que hagamos algo. Interrumpe cualquier conversación en cualquier momento para hacer un anuncio: "En dos kilómetros, gire a la derecha. Continúe, permanezca a la izquierda y luego tome la autopista". Tiene sus propios horarios, su propio lenguaje y su propio sentido del tiempo. Hacemos bromas sobre ella, pero nos resulta una incorporación muy útil y fascinante para nuestras vidas.

Ahora estamos en una etapa en la que ambos tenemos la libertad de dedicarnos mucho más a nuestra carrera. Nuestros hijos son adultos y tienen una vida independiente. De nuevo podemos salir de casa sin tener que pensar en cuánto tiempo estaremos afuera. Podemos levantarnos temprano, quedarnos despiertos hasta tarde, caminar hasta la cocina sin nuestras batas o hacer una siesta a mitad del día. En consecuencia, nuestras conversaciones son diferentes. Hablamos más sobre nuestro legado y la huella que dejaremos cuando partamos de este mundo. Recordamos los grandes momentos que tuvimos y nos alentamos a considerar hasta dónde puede llegar nuestra influencia antes que seamos demasiado viejos para trabajar. Nos sentimos inspirados y al mismo tiempo abrumados por el hecho de que estamos en el comienzo de los veinte años más productivos de nuestra vida. Trabajamos duro porque "queremos" y no porque "debemos".

RECOPILACIÓN DE PRUEBAS

Haz un círculo alrededor de la frase de la etapa que mejor describe tu vida.

Recién casados.

Primeros años de matrimonio, sin hijos.

Padres de bebés o niños que empiezan a caminar.

Padres de niños en edad escolar.

Padres de adolescentes.

Familia ensamblada dentro del período de ajuste (cinco primeros años).

Familia ensamblada con niños en edad escolar.

Familia ensamblada con adolescentes.

Nido vacío.

Abuelos que ayudan a cuidar a sus nietos.

¿Qué retos son parte de esta etapa?

¿Quién debería enfocarse más en su carrera durante esta etapa?

Un presupuesto según el estilo motivacional

Además de idear un plan para progresar en sus carreras, necesitan un presupuesto que refleje lo mejor de ustedes como pareja. Hacer un presupuesto es un proceso difícil para la mayoría de los matrimonios, porque cada uno de ustedes gasta el dinero según su estilo motivacional. Tu misión es crear un estilo financiero que combine las metas de cada uno con sus estilos motivacionales, a fin de maximizar los logros económicos.

El reto

Has oído que los conflictos sobre el dinero son una de las razones principales por las que las parejas se separan. El dinero es un reto para la mayoría de las parejas. En primer lugar, porque todos gastamos dinero según nuestro estilo motivacional.

Los Decididos destinan dinero para mantener el control de la dirección de sus vidas. Los Inspiradores gastan dinero para hacer felices a los demás y dejarles buenos recuerdos. Los Pacificadores limitan el uso del dinero para mantener la paz y simplicidad en sus vidas. Los Estrategas administran el dinero según las reglas establecidas.

El dinero es un reto para la mayoría de las parejas porque todos gastamos dinero según nuestro estilo motivacional.

Eso funcionaría muy bien si tú te hubieras casado con alguien con el mismo estilo motivacional. El reto existe porque la mayoría de las personas elige casarse con alguien que tiene un estilo motivacional diferente al suyo. Sin duda, elegimos amigos con estilos similares a los nuestros, pero nos sentimos atraídos hacia las personas que tienen un estilo diferente al nuestro. Somos angustiosamente conscientes de que no estamos completos, por eso buscamos una pareja que aporte a nuestras vidas algo que nosotros no podemos aportar.

NUESTRO ESTILO

Considera nuestra relación. Mi (Bill) estilo es la combinación de un Pacificador y un Estratega. En mí pesa más el primero que el segundo, por eso mi enfoque principal es simplificar lo más posible nuestro programa financiero. Me encanta el sistema de pagos automáticos porque lo configuramos una vez y luego nos despreocupamos. Me gustan las decisiones que se conversan con anticipación para que haya pocas sorpresas en nuestro panorama financiero. Prefiero que tengamos una sola chequera, una misma caja de ahorros y una sola tarjeta de crédito, porque es más sencillo. En realidad, nuestra vida es más complicada que eso, pero aun así es lo que prefiero.

Mi lado como Estratega me capacita para ser el que controla el pago de nuestras cuentas y la emisión de cheques. En este rol, quiero saber que cada vez que me siento a pagar las cuentas hay dinero de sobra en el banco. Me sorprende ver lo disgustado que me siento cuando descubro que hay un cheque firmado sin mi conocimiento. Reconozco que mi reacción no es realista, porque Pam necesita tener la libertad de seguir la guía de Dios en su vida y tomar decisiones como un adulto maduro. Sin embargo, mi intelecto en general no me alcanza para contener mi respuesta emocional. En cambio, me sorprende lo bien que me siento cuando termino de pagar mis cuentas y me queda una reserva. De la misma manera, me sorprende lo frustrado que me siento cuando no puedo pagar todos los vencimientos porque falta efectivo.

Yo (Pam) soy principalmente una Inspiradora. Vivo para hacer que otros crean que pueden alcanzar los sueños que Dios sembró en ellos. Hablo frente a grupos para ayudarlos, escribo libros para ayudarlos y gasto dinero para ayudarlos. Mis mejores días son aquellos en los que veo a otros reír y aprender a sentir esperanza en el futuro. Me sorprende ver cuántos riesgos estoy dispuesta a correr para que eso se haga realidad. Aprovecharé una oportunidad si ayuda a los demás a descubrir sus sueños.

No sé cómo se desarrolló en mí, pero vivo según el lema "lo resolveremos". Ese lema se activa cada vez que encuentro una oportunidad, que creo que Dios puso en mi camino. Mi respuesta es algo así como: "¡Vaya! Mira qué grandioso es lo que Dios está haciendo, y Él me eligió para ser parte de eso. Sé que es necesario tener fe para lograrlo, pero de eso se trata la vida cristiana ya que 'sin fe es imposible agradar a Dios' (He. 11:6). No sé cómo, pero sé que esto va a funcionar si ponemos en práctica sus mandamientos".

Cada prueba de dones espirituales que he tomado indica que mis dones principales son: fe, liderazgo, pastoreo y enseñanza, con el predominio de la fe sobre los otros dones. Cuando veo una necesidad, me pregunto: "¿Cómo puedo trabajar un poco más esforzadamente para alcanzar esta meta? ¿Puedo confiar en Dios un poco más y escuchar su voz un poco más fuerte para así poder discernir el plan de provisión y el camino para satisfacer esa necesidad?".

Tiendo a trabajar a partir de una necesidad y busco una forma de patrocinarla, mientras que Bill está acostumbrado a ver si hay fondos y decidir si eso es necesario. Tengo que felicitarlo porque su amor a Dios y el amor por su Palabra lo han hecho dejar el terreno seguro y transitar este camino de la fe una y otra vez. Bill ha aprendido a aceptar que a veces Dios lo lleva a asumir compromisos aun cuando no puede ver qué resultado tendrán, y ha tomado la decisión de permitirme guiarlo en muchas de esas oportunidades.

Esa es una manera de vivir muy emocionante; y Bill y yo hemos compartido grandes aventuras. Nos casamos a los veinte años porque sabíamos que eso era lo correcto, y yo sabía que de algún modo nosotros, dos estudiantes universitarios que deseábamos dedicarnos al ministerio de tiempo completo, experimentaríamos la provisión milagrosa de Dios... y Dios proveyó. En casi treinta años de matrimonio, hemos enfrentado los retos de obtener una maestría, dos títulos universitarios, criar a tres varones, servir en tres iglesias diferentes y tener un ministerio en el que damos conferencias y escribimos libros... y tuvimos la provisión de Dios en cada paso de nuestro camino.

A veces, eso ha generado conflictos, ya que tengo que pedirle a Bill que confíe en mí para cumplir con un nuevo compromiso. En otras ocasiones, cuando nos subimos a una plataforma en Singapur, Alemania o cualquier otro lugar al que viajamos, Bill me dice al oído: "No puedo creer que Dios nos haya permitido hacer todo esto. ¡Es un sueño!". Nuestra vida puede ser un sueño o una pesadilla, en gran parte de acuerdo a cómo maneje esto de vivir "por fe", propio de mi ADN.

Sin embargo, bajo estrés, me inclino a ser una Decidida. Tengo fuertes convicciones sobre la dirección que necesitamos seguir y estoy convencida de que todos los miembros de mi familia verán lo inteligente del plan una vez que esté en marcha. La decisión me parece tan clara que me cuesta tener paciencia con todo lo que demore el proceso. Cuando aumenta el estrés, quiero que todo en mi vida sea más eficaz, y me parece que la única manera de lograrlo es mantener el control de la toma de decisiones. A veces eso ha sido algo muy valioso en nuestro matrimonio al haber respondido rápidamente a las oportunidades ministeriales para ambos. Otras veces, ha sido una fuente de conflictos porque tomé compromisos sin el previo consentimiento de Bill, lo cual elevó su nivel de estrés.

Entiendo perfectamente por qué Bill se estresa: a ninguna de mis dos combinaciones de personalidades le encanta hacer un presupuesto. Veo lo valioso que es, reconozco la necesidad de hacer un presupuesto, tengo las mejores intenciones del mundo de cumplir con uno, pero los presupuestos no me entusiasman. Nos hemos dado cuenta de que el mejor sistema es un estilo que está a mitad de camino de nuestras preferencias. Sin mi estilo, nuestra vida sería aburrida. Sin el estilo de Bill, ¡estaríamos en la quiebra!

TU ESTILO

Para ayudarte a tener un pantallazo de cómo se ve tu combinación de motivaciones, completa el siguiente cuadro.

Nombre de la esposa:	
En la columna de la derecha, evalúa tus estilos motivacionales. Escribe 1 para el más fuerte, 2 para el siguiente y así sucesivamente.	
Decidida	
Inspiradora	
Pacificadora	
Estratega	

Nombre del esposo:	
En la columna de la derecha, evalúa tus estilos motivacionales. Escribe 1 para el más fuerte, 2 para el siguiente y así sucesivamente.	
Decidido	
Inspirador	
Pacificador	
Estratega	

Dios en primer lugar

Lo primordial en las finanzas es la administración. Dios es el dueño de todo y dirige todas las cosas para que se cumpla su voluntad. Con ese fin, Él nos ha confiado una serie de recursos. Esos recursos, en realidad, no son nuestros, porque debemos dejarlos atrás una vez que hayan terminado nuestros días en la tierra. Sin embargo, los puso a nuestro cuidado para que los administremos durante nuestra estadía aquí. Para ayudarnos a mantener un enfoque claro en la administración de nuestras finanzas, se nos pidió devolver a Dios la primera parte de nuestros ingresos. La mayoría de las personas lo ven de un modo pragmático: Dios debe necesitar dinero, así que tenemos que dárselo para que tenga algo para gastar.

Sin embargo, lo que nosotros damos no tiene nada que ver con las necesidades de Dios. Se trata de quién gobierna nuestros corazones. Jesús dejó muy en claro que nuestro corazón está conectado a nuestro dinero. Su enseñanza principal con respecto al dinero se encuentra en Lucas 12:34: "Pues donde tengan ustedes su *tesoro*, allí estará también su *corazón*" (cursivas añadidas). ¡Nos enamoramos de todo aquello en lo que gastamos nuestro dinero! Si primero gastamos nuestro dinero en Dios, nos relacionaremos con Él y estaremos motivados a tener una relación activa y dinámica con Él.

RECOPILACIÓN DE PRUEBAS

¿Qué porcentaje de tus ingresos te gustaría ofrendar a Dios?

5%
10%
25%
90% y vivir con el 10% restante
Otro porcentaje

Escribe por qué te gustaría ofrendar ese porcentaje.

Reúnete con tu cónyuge para conversar sobre qué prefieres y por qué motivo. Conversen acerca de a dónde les gustaría hacer sus donaciones y por qué.

Cuando se pongan de acuerdo sobre el tema del dinero y las finanzas, se darán cuenta de que están comenzando a descifrar el código del corazón del otro. Es habitual que las parejas discutan sobre su economía, por eso lograr la armonía en ese tema rinde grandes frutos y les ayuda a caminar sobre la línea del éxito y la seguridad.

ABRE EL CANDADO DE TU AMOR

Cena y diálogo para una comunicación de corazón a corazón

Tu lista de oro

Ahora es el momento de redactar un plan y llevar un registro de los ingresos y los gastos. La lista que sugerimos incluye áreas prioritarias para cada estilo de motivación. Todos cooperan mejor con el presupuesto cuando una parte de él incluye los pilares de motivación de sus vidas. Presta atención a las líneas vacías. Utilízalas para personalizar tus gastos. Tal vez quieras hacer una copia de la planilla para usarla durante la conversación. Cuando hayan completado los datos solicitados y conversado sobre sus metas, coloquen esta planilla en su archivo de cuentas o en su chequera, como recordatorio de lo que acordaron.

RECOPILACIÓN DE PRUEBAS

Presupuesto según nuestras motivaciones			
Asignado a **Esposo Esposa**	**Descripción**	**Mensual**	**Anual**
☐ ☐	**Ingresos**		
	Salario del esposo		
	Salario de la esposa		
	Ingresos por inversiones (especificar)		
	Otros ingresos (especificar)		
	Ingreso total:		

Asignado a Esposo	 Esposa	Descripción	Mensual	Anual
☐	☐	**Ofrendas a Dios**		
☐	☐	**Gastos fijos**		
		Hipoteca (o alquiler)		
		Seguro inmobiliario		
		Servicios: gas y electricidad		
		Servicios: agua y recolección de residuos		
		Servicios: teléfono, televisión por cable, Internet		
		Mantenimiento y reparaciones de la propiedad		
		Cuota del auto		
		Gasolina		
		Seguro del auto		
		Reparación y mantenimiento del auto		
		Seguro de vida		
		Alimentos		
		Artículos de tocador		
		Prioridades según la motivación		
☐	☐	**Decidido**		
		Inversiones		
		Riesgos a futuro		
☐	☐	**Inspirador**		
		Entretenimiento		
		Eventos sociales		
		Vacaciones		

Asignado a Esposo Esposa	Descripción	Mensual	Anual
☐ ☐	**Pacificador**		
	Ahorros		
	Fondo para emergencias		
☐ ☐	**Estratega**		
	Fondos de retiro		
	Fondos para la universidad (para cada hijo)		
	Gastos totales:		
	Saldo (ingresos menos gastos):		

La clave para que cualquier presupuesto funcione es la responsabilidad. Como pareja, ustedes deben asumir la responsabilidad de completar la lista de ingresos y gastos, y avanzar en el proceso de negociar sus compromisos para que sus gastos no superen sus ingresos. Por lo tanto, deben asumir la responsabilidad personal por las listas asignadas a cada uno. Nuestra sugerencia para que el plan funcione es la siguiente:

Primer paso: Completen la planilla de finanzas. Tómense su tiempo para determinar los importes y decidir quién está mejor preparado para manejar cada aspecto de su vida financiera. Es muy probable que necesiten reunirse más de una vez para resolver todas las cuestiones, pero bien vale la pena invertir tiempo en eso. Recuerden que no solo se trata de hacer cálculos. Las decisiones que tomamos sobre nuestro dinero reflejan nuestros sueños, nuestras esperanzas y nuestras motivaciones. Si la situación se pone tensa, tomen un descanso y reprogramen la reunión.

Continúen reprogramando reuniones hasta que se hayan puesto de acuerdo.

Segundo paso: Asuman la responsabilidad personal por todas las tareas asignadas a cada uno. Hagan una copia de la planilla de finanzas de cada uno y anímense mutuamente a asumir las responsabilidades. Si uno de ustedes es responsable de que haya dinero en el banco, tiene que poder hacer los depósitos. Si uno de ustedes es responsable de hacer los pagos, debe tener acceso a una cuenta que le permita firmar cheques y tener tarjetas de débito o crédito.

> Las decisiones que tomamos sobre nuestro dinero reflejan nuestros sueños, nuestras esperanzas y nuestras motivaciones.

Tercer paso: Reúnanse con regularidad para coordinar actividades financieras y hacer ajustes. Pueden reunirse una vez por semana, una vez por mes o cada tres meses. La clave es reunirse con frecuencia y poner buena voluntad. El objetivo de las reuniones es explicar cómo está funcionando la parte del plan de cada uno. Sería bueno que se hicieran comentarios positivos sobre los puntos fuertes de cada uno. Por lo general, las conversaciones sobre finanzas despiertan emociones, por ello también podrían sacar provecho de ellas. En esos encuentros, tienen la libertad de hacer los ajustes al plan financiero según sea necesario.

Tamy, nuestra amigable GPS, es una experta en hacer ajustes. Con frecuencia la oímos decir: "Después del próximo giro, siga hacia adelante". Para nosotros, eso es un tonto recordatorio de que la vida está llena de giros inesperados, pero después de cada uno podemos volver al camino y perseguir nuestras metas con entusiasmo. ¡Después del próximo giro en tu vida, sigue hacia delante para alcanzar tus metas!

■ ■ ■

Preguntamos a las parejas de nuestras audiencias cuál era el regalo más romántico que habían recibido. Hubo algunos regalos lujosos —una casa diseñada a medida, automóviles, pieles, cruceros—, pero más que nada hubo historias como estas:

- Estábamos en la quiebra, así que mi esposo me dibujó una rosa y ahora la llevo en mi Biblia como señalador.
- No teníamos dinero para comprar regalos para el Día de los Enamorados, por eso mi marido me escribió una canción.
- Éramos estudiantes con problemas financieros, y mi esposa vendió su bicicleta para pagar los gastos de mi universidad.
- No teníamos dinero en Navidad, así que nos hicimos veinticinco elogios, uno por día.

9

Expresa tus sentimientos

"El fruto del Espíritu es... humildad...".

¿Alguna vez una conversación con tu cónyuge te sonó parecido a esto? "Em agustarí rpensa equ opued rconfia ne it y rhabla ocontig esobr sla scosa simportante ed im avid. Oper on oquier rreconoce equ a svece em ad omied eabrirm, y em agustarí equ ssuperemo oest, is se eposibl".

Quieres entender a tu esposa, pero no logras descifrar qué te está tratando de decir. Quieres conectarte con la vida de tu esposo, pero percibes que solo te está contando una parte de la historia. Desean abrirse y establecer una verdadera comunicación entre ustedes, pero resulta más difícil de lo que imaginaban. Tenían la esperanza de ser almas gemelas y que instintivamente siempre seguirían enamorados.

Tenían la esperanza de ser almas gemelas y que instintivamente siempre seguirían enamorados.

En verdad, deseas que tu relación prospere. Sin embargo, de pronto te das cuenta de que no iniciaste la relación con el código correcto para descifrar lo que tu pareja intenta decirte. Si descubres el código, puedes crear un clima que simplifique la relación. Si no puedes descubrir el código, casi todas las conversaciones te resultarán incomprensibles.

Un enigma

Durante la Segunda Guerra Mundial, los nazis utilizaban las así llamadas máquinas Enigma para cifrar y descifrar mensajes secretos.

Afortunadamente, los criptógrafos de los Aliados lograron analizar y descifrar un gran número de esos mensajes.

¿No sería útil contar con una máquina Enigma para decodificar el estado de ánimo, los pensamientos y la manera de actuar de tu pareja? Te resultaría sumamente útil porque los códigos Enigma cambiaban todos los días... ¡al igual que tu pareja!

Para comprender el mensaje codificado que aparece al principio de este capítulo, no necesitas tener la máquina Enigma si conoces el código. El mensaje solo se formó poniendo la última letra de cada palabra al principio de esa palabra. Una vez que descifras el código, descubres que tu cónyuge estaba tratando de decirte: "Me gustaría pensar que puedo confiar en ti y hablar contigo sobre las cosas importantes de mi vida. Pero no quiero reconocer que a veces me da miedo abrirme, y me gustaría que superemos esto, si es posible".

Es probable que puedas responder mensajes como ese, pero el lenguaje secreto del corazón tiene su propio código. Los malentendidos son habituales en el matrimonio, y la falta de sintonía verbal con tu cónyuge es un motivo de batalla demasiado frecuente. Un esposo y una esposa que quieren tratarse bien, a menudo, se ofenden y discuten con más frecuencia de lo que esperaban.

> La misión de ustedes es crear un refugio para la relación.

A veces tu casa puede parecerse a un campo de batalla, pero no tiene por qué ser así. A medida que descifran los códigos de acceso al corazón del otro, pueden crear una zona desmilitarizada para su amor. Abrir la llave del amor será mejor que firmar el tratado de Versalles o el tratado de Appomattox, porque es como el desarme unilateral en un mundo sin fortalezas nucleares, sin armas secretas de destrucción matrimonial masiva. En el matrimonio, es posible mantener conversaciones de paz y realmente llegar a un acuerdo y vivir en armonía. Considera este capítulo como tu propio Secretario de Estado. Te ayudará a negociar de una manera en la que ambos resultarán vencedores en el amor.

> Tu lenguaje corporal le dice más cosas a tu cónyuge que las palabras que pronuncias o cómo las dices.

La misión de ustedes es crear un refugio para la relación. Cada uno de ustedes es la compleja sumatoria de pensamientos, emociones, formación y experiencia de vida. En consecuencia, responden al otro tanto con euforia como con titubeos. Cuando sienten que el clima de la relación es seguro, se abren y se vuelven más vulnerables. Cuando perciben que el clima está tenso o peligroso, se repliegan o generan conflictos. La meta es mantener un clima permanente de aliento y apertura en el que puedan florecer el éxito y la seguridad.

El guardaespaldas de tu refugio

La comunicación suele ser más satisfactoria y permitir una mayor apertura cuando sientes que tu hogar es un refugio. En la aplicación de la ley, un refugio es un lugar secreto que protege a un testigo de todo daño, para que pueda permanecer con vida y testificar. Cuando se crea un refugio en una relación, el primer y más importante elemento es generar una atmósfera favorable.

El guardaespaldas que los ayudará a crear un clima seguro en la relación es el lenguaje corporal. Tu cuerpo le dice mucho a tu cónyuge. De hecho, tu lenguaje corporal le dice más cosas a tu cónyuge que las palabras que pronuncias o cómo las dices. Si los demás prestan atención, pueden saber mucho sobre ti al observar tu lenguaje corporal:

- Pueden predecir tus emociones.
- Pueden saber si tratas de intimidarlos.
- Pueden discernir tu actitud.
- Pueden saber si has tenido una experiencia espiritual significativa.
- Pueden saber si eres sincero.
- Pueden saber si los respetas.
- Pueden saber si hay una atracción romántica.

Deja que tu cuerpo hable

La mayoría de nosotros maneja el lenguaje corporal de manera accidental. Simplemente, hacemos lo que hacemos sin pensar en el mensaje que trasmitimos. Cuando consideras que más del 50% del mensaje que le trasmites a tu cónyuge está basado en tu lenguaje corporal, tiene sentido pensar en lo que tu cuerpo está diciendo. A continuación, hay algunas verdades sencillas sobre el lenguaje corporal para tener en cuenta:

Cuanto más pequeña es la audiencia, más cortos deben ser tus movimientos corporales.

Si te diriges a un grupo, debes hacer gestos más amplios con las manos, estar de pie y cubrir suficiente espacio del escenario para captar la atención de la audiencia. Si tienes una conversación privada con alguien, debes mantener las manos cerca de tu cuerpo y hacer movimientos más cortos cuando te comunicas. Los movimientos amplios cuando estás muy cerca de alguien expresan uno de estos dos mensajes: te sientes inseguro y tratas de asegurarte de que la otra persona no se acerque demasiado, o estás tratando de intimidarla y obtener una ventaja.

Proyectas interés cuando te inclinas hacia otra persona.

Si quieres que tu cónyuge sepa que te interesa lo que está diciendo, inclínate un poco hacia adelante. De la misma manera, cuando estés frente a tu pareja, míralo/a más a los ojos. Darle la espalda, alejarte o mirar en otra dirección cuando hablas con tu pareja envía una señal clara: "En este momento, tengo ocupaciones más importantes". Sin embargo, cuando dejas lo que tienes en las manos, apartas la vista de la pantalla de la computadora y miras a tu pareja o giras tu silla, le estás transmitiendo: "Te estoy escuchando, quiero escuchar lo que tienes que decir, y este es un clima seguro para hablar. Aceptaré de buena gana lo que digas y mientras cuidaré tu corazón".

Das un mensaje de seguridad cuando adoptas una postura más abierta.

Si te sientas con las piernas o los brazos cruzados, dejas en claro que en realidad no estás disponible para conversar. Tu cónyuge percibirá que preferirías estar con otra persona. Si tus manos están apoyadas sobre las piernas o tus piernas están paralelas al piso, tu cónyuge percibirá al instante que te interesa la conversación. Mejor aún, extender la mano hacia tu cónyuge expresa de manera poderosa: "Te valoro y valoro lo que estás por decir".

Un tierno contacto físico es una poderosa red de seguridad.

Puedes alentar a tu cónyuge rápidamente mediante una suave caricia o abrazo. Nuestro cuerpo está programado para liberar endorfinas cuando expresamos cariño por otro ser humano. El resultado es la baja de la frecuencia cardíaca, una disminución de la presión arterial, músculos relajados y una sensación de bienestar general. Por eso, con frecuencia nos apartamos de nuestro cónyuge cuando no estamos preparados para el contacto físico. Eso no significa que no deseamos que nos toque. Solo significa que el contacto físico tiene un efecto poderoso sobre nosotros.

El contacto visual tiene un efecto muy significativo.

Miras a las personas que te interesan. Tus ojos, más que ninguna otra parte de tu cuerpo, expresan lo que realmente siente tu corazón. Cuando sientes vergüenza, evitas el contacto visual. Cuando te sientes incómodo, evitas el contacto visual. Cuando estás molesto, evitas el contacto visual. Por otro lado, miras a alguien a los ojos cuando sientes confianza, aprecio o fascinación.

Necesitas tener un poco de cuidado, porque si solo miras fijo a tu cónyuge, causarás incomodidad. Miras fijo a las personas si las estás interrogando o si no tienes habilidades sociales. La clave es mantener el contacto visual. Puedes apartar la vista cada pocos segundos y después restablecer el contacto. También debes concentrarte en relajar los músculos alrededor de los ojos. Si tensionas los músculos de los ojos, fruncirás el ceño y darás la impresión de que no estás de acuerdo con lo que alguien está diciendo.

Regala una mirada amable cuando te comuniques con tu cónyuge. Aunque estés molesto, no tienes que fulminarlo con la mirada. Decide usar la expresión "Te estoy dando el beneficio de la duda".

La mayoría de nosotros sabe estas cosas instintivamente si nos criaron en un hogar saludable y seguro. Si no fuimos criados en un clima así, tendremos que esforzarnos por mejorar nuestro lenguaje corporal de manera de abrirnos a nuestra pareja (y entablar conversación con los que amamos). Incluso quienes fueron criados en un clima emocionalmente saludable pueden mostrarse egocéntricos, estresados o perezosos, o bien relajarse por medio de un lenguaje corporal que diga: "Eres valioso/a. Mereces mi tiempo y energía". El lenguaje corporal puede expresar todo eso antes que se diga una palabra.

Momento decodificador: Haz una pausa en este momento —cuando no estás molesto— y decide cuál es el mejor "lenguaje corporal" cuando hablas con tu cónyuge: estar sentado o de pie. Ensaya diferentes poses, como una modelo, y pregúntale a tu pareja qué lenguaje corporal prefiere.

El tono de tu refugio

Además de tener un guardaespaldas apostado en tu refugio, querrás enfocarte en el tono de tus conversaciones. Hoy día muchas casas tienen un sistema de alarmas para evitar la entrada de intrusos y alertar a los que allí viven de la presencia de humo y monóxido de carbono. Cuando todo está en orden, el sistema emite una variedad de pitidos y señales. Esos son los sonidos que dicen: "Todo está en orden. Se puede andar libremente por la casa". Cuando algo está mal, el sistema emite un sonido estridente que le molesta a todos los que están en casa.

Tu relación tiene un sistema de alarmas que anuncia que todo está en orden o no. Para encender o apagar el sistema, es probable que también necesites un código de alarma. En las relaciones, el sistema de alarmas que indica que todo está bien es tu tono de voz. Mientras que el lenguaje corporal es sin duda el ingrediente más importante en la comunicación, el tono de tu voz no está lejos de tener la misma influencia en el estado de tu relación.[20] Un tono de voz amable aumentará el nivel de seguridad de tu amor y minimizará el conflicto. Un tono de voz áspero creará distancia entre tú y tu pareja.

Un tono de voz amable aumentará el nivel de seguridad de tu amor y minimizará el conflicto.

> La respuesta amable calma el enojo,
> pero la agresiva echa leña al fuego (Pr. 15:1).

Los niños no le dan mucha importancia al tono de su voz. Desde tus primeros días de vida, reaccionabas frente a los que te rodeaban. Te hacían feliz, y lo expresabas. Parecían poco razonables, y mostrabas

20. Para mayor información sobre la comunicación no verbal, ver en línea, http://www.helpguide.org/mental/ EQ6_nonverbal_communication.htm y http://dahl.at/wordpress/research-publications/intercultural-communication/communications-and-culture-transformation/. Recursos en inglés.

resistencia. Te irritaban, y reaccionabas. Puesto que esas personas estuvieron a tu alrededor durante tus años de formación más importantes, tuvieron una profunda influencia sobre quién eres hoy día. Es posible que hayas desarrollado bien la habilidad para elegir el tono de voz en distintas conversaciones, pero lo más probable es que solo hayas reaccionado frente a lo que ocurría a tu alrededor.

Tu tono de voz dejará en los demás una de estas dos impresiones sobre ti. Algunos tonos harán que las personas crean que eres amable con ellas. Tu voz les asegurará que estás interesado en ellas y que están a salvo si hablan contigo. Otros tonos causan la impresión de que estás intentando controlarlas. Tu tono de voz las retará y las convencerá de que tratas de dominar la conversación. Tal vez no tengan en claro cuáles son tus intenciones, pero tendrán la clara impresión de que tienes intenciones ocultas que no contemplan lo mejor para ellas.

Un tono de voz que comunica a los demás que eres amable se caracteriza por lo siguiente:

- *Suavidad.* Una voz suave tranquiliza a todos.
- *Atenuación en la modulación de la voz al final de las oraciones.* Cuando atenúas un poco la modulación de tu voz, expresas sinceridad, lo cual te vuelve más creíble.
- *Un tono de voz apropiado para la conversación.* En la vida, nos encontramos con diversas sorpresas y situaciones frente a las que debemos reaccionar. Si tu cónyuge obtuvo un ascenso en el trabajo y tu reacción es un tono de voz reafirmante, tu pareja recibirá aliento. Si se está incendiando la cocina y le gritas a tu pareja para que te ayude, responderá inmediatamente.

Un tono de voz que le dice a los demás que intentas controlarlos se caracteriza por lo siguiente:

- *Volumen alto.* Una voz alta pondrá a las personas en alerta y a la defensiva, a menos que estés trasmitiendo un mensaje de emoción, entusiasmo o buenas noticias. Las personas pueden tolerar un volumen un poco más alto cuando el mensajero es portador de buenas noticias.

- *Aspereza.* Cuando tu tono es áspero, la persona a la que le hablas se pondrá a la defensiva. Los introvertidos se cerrarán, mientras que los extrovertidos discutirán contigo.
- *Elevación de la modulación de la voz al final de las oraciones.* Cuando elevas un poco la modulación de la voz al final de una oración, los demás pensarán que estás tratando de venderles algo o convencerlos de algo.
- *Un tono de voz no apropiado para la situación.* Si tu esposa te cuenta que obtuvo un ascenso en el trabajo y te enojas, se sentirá confundida. Si se está incendiando la cocina y tu esposo se te acerca con tranquilidad y te dice suavemente "El horno se prendió fuego", te preguntarás ¡qué le pasa a este hombre!
- *Otros gestos negativos.* A veces las oraciones breves, entrecortadas o acompañadas de suspiros de exasperación, frustración o gesticulación de fastidio transmiten un tono negativo. A veces es más sencillo darnos cuenta de que estamos haciendo esto, aunque no podamos percibir el cambio de nuestro tono de voz de positivo a negativo. Si no percibes la diferencia, podrías evitar sacudir los brazos, hacer ruido con los pies, hacer gesticulaciones de fastidio o resoplar con exasperación. Si controlas esas reacciones, lo más probable es que también controles tu tono de voz. (Una pista: Si escribieras todo lo que dices y solo usaras MAYÚSCULAS, el tono probablemente sería negativo si lo dijeras en voz alta).

Por lo general, eres la última persona que toma conciencia de tu tono de voz. Estás tan inmerso en tu vida y en tus reacciones que tus sentidos se vuelven sordos a la hora de reconocer la influencia de tu voz. Puedes agudizar los sentidos prestando mucha atención a lo que dices y preguntándote: "¿Cómo reaccionaría si mi cónyuge o un buen amigo utilizara el tono de voz que acabo de utilizar?".

Por lo general, eres la última persona que toma conciencia de tu tono de voz.

Además, le puedes pedir a alguien en quien confías que evalúe tu tono de voz. Esa persona podría ser tu cónyuge, un amigo o un compañero de trabajo de tu confianza. Esto funciona bien solo si le das a esa persona un permiso explícito para que te evalúe. Podrías decir algo como: "Durante la próxima semana, ¿podrías indicarme cuándo estoy usando bien mi tono de voz y cuándo estoy alejando a las personas con mi tono?". Establece un tiempo límite para que eso no defina la relación con esa persona y decide de antemano que tomarás con seriedad lo que te diga. De lo contrario, te pondrás a la defensiva en lugar de crecer mediante su punto de vista.

Momento decodificador: Finge estar molesto con tu pareja. Primero usa un tono de voz enojado y exasperado: "Tengo que decirte algo".

Después, usa un tono de voz que muestre compasión y empatía al decir: "Tengo que decirte algo".

¿Puedes notar la diferencia?

(Si te animas, pídele a tu cónyuge que te imite cuando te enojas y analiza cómo te sientes cuando tu pareja te habla de la misma manera que tú. Una vez Bill me imitó y me preguntó: "¿Cómo te sentirías si yo te respondiera de esta forma?". Después me imitó sin omitir ni una palabra ni tono de voz. Le contesté: "Te salió demasiado bien. Detesto ser así. Perdóname. Me esforzaré más por cambiar". Todavía tengo que esforzarme mucho para controlar mi tono de voz cuando estoy muy estresada. Es fácil recaer en antiguos hábitos, pero saber que ese es un terreno resbaladizo para mí me ayuda a tener más conciencia de mis hábitos y tomar mejores decisiones la mayoría de las veces).

Decora tu refugio

Es un hallazgo notable que las palabras son una parte relativamente pequeña de la comunicación íntima. Las emociones se expresan principalmente a través del lenguaje corporal y el tono de voz, por eso el lenguaje no verbal puede tener más peso que las palabras. Sin embargo, no te dejes engañar. Tal vez tus palabras no tengan tanto peso, pero son una parte muy importante en cuanto a la calidad de la comunicación. Además, los hombres y las mujeres tienen un enfoque muy diferente sobre el uso de las palabras:

> Un esposo le lee a su esposa un artículo sobre la cantidad de palabras que una mujer dice por día: 30.000 en comparación con las 15.000 que dice un hombre. La esposa contesta:
>
> —Debe ser porque nosotras tenemos que repetirles todo a los hombres.
>
> El esposo se vuelve hacia su esposa y pregunta:
>
> —¿Qué?

Las palabras son fundamentales, y necesitamos utilizarlas. Cada palabra que usas contribuye al nivel de seguridad de tu amor o pone en riesgo tu capacidad de edificar una relación segura y más sólida. Al igual que con el resto de la comunicación, existen palabras que confirman que hay un clima amable donde se pueden sentir en libertad de abrirse, y existen palabras que le hacen creer a tu cónyuge que estás tratando de controlarlo/a.

Cada palabra que usas contribuye al nivel de seguridad de tu amor o pone en riesgo tu capacidad de edificar una relación segura y más sólida.

Entre las palabras que AUMENTAN la red de seguridad en tu relación y crean una manera amable de dirigirte a tu cónyuge, se encuentran las siguientes:

Palabras de respeto. Palabras de admiración y respeto. Puedes decir en cualquier ocasión: "Estoy orgulloso de ti" o "Eres excelente para ______________________________ (completa el espacio en blanco)", sin importar cómo te sientas en ese momento. Las mejores cualidades de tu cónyuge no cambian según el clima emocional de la relación.

Palabras de confianza. Frases simples como "Puedes hablar conmigo libremente", "Guardaré todo lo que me cuentes", "Podemos hacer las paces", "No necesitamos ser perfectos. Tratemos de ser un poco mejores para el próximo año" le permiten a tu cónyuge conversar contigo. Es importante que digas esas cosas solo si te comprometes a llevarlas a cabo. Una promesa de mantener la confidencialidad es un regalo muy valioso. Si cuentas a otras personas lo que prometiste guardar, el dolor será mucho peor.

Frases en primera persona. La mayoría de las conversaciones fluyen mejor cuando hablas de tus necesidades y la forma en que la vida te afecta. Somos propensos a señalar lo que no nos gusta de nuestro cónyuge, lo cual genera una actitud defensiva. "Por alguna razón, me molesta que lleguemos tarde" es muy diferente a "Me enfurece que siempre llegues tarde". Las dos frases dejan en claro que te gustaría ver un cambio. La primera le permite a tu cónyuge tener la libertad de conversar. La segunda obliga a tu cónyuge a levantar defensas.

Palabras sinceras. La Biblia nos pide "vivir la verdad con amor" (Ef. 4:15). Eso significa que debes tratar de decirle algunas cosas agradables a tu cónyuge y también significa que tendrás que comentarle algunas cosas difíciles. En ambos casos, por lo general podrás manejarte bien en las conversaciones si buscas lo mejor para tu cónyuge. Todos tenemos la tendencia a hacer bromas cuando hablamos, ya sea para llamar la atención o simplemente para limar asperezas. Cualquiera de esos dos acercamientos, a la larga, dará la impresión de que tienes intenciones ocultas y que buscas controlar en lugar de expresar tu sincero amor por tu pareja.

Palabras de aliento. Haz elogios sinceros; busca maneras de edificar a tu cónyuge. "Anímense y edifíquense unos a otros" es uno de los mandamientos que Dios nos dio (1 Ts. 5:11). Eso da la idea de construir un hogar sólido y protegerlo con un techo confiable. Durante nuestra luna de miel, Bill me dijo: "Seré tu espejo, Pam". Esa simple frase, que me susurró al oído mientras sostenía mi cara entre sus manos, se convirtió en un firme refugio para nuestro amor.

¡Lo pagarás!

Las palabras negativas transmiten el mensaje de que tratas de controlar a tu cónyuge. Es frecuente caer en la trampa de usar palabras negativas:

> Una pareja maneja por una ruta varios kilómetros sin decir palabra. Una conversación anterior se había convertido en discusión, y ninguno de ellos quería ceder. Cuando pasaban por delante de un corral de mulas, cabras y cerdos, el esposo preguntó sarcásticamente:
>
> —¿Parientes tuyos?
>
> —Sí —respondió la esposa—. Parientes políticos.

Una manera sencilla de recordar lo que *no* debes decir es tener en cuenta que si utilizas esas palabras, será muy DOLOROSO.

El pasado. Los recordatorios de fracasos y errores del pasado perjudican la relación y a menudo se utilizan como armas para lograr el control emocional y llevar las de ganar. Sin duda, todos cometemos errores y debemos tomar medidas para asegurarnos de que no se repitan. Sin embargo, no es bueno mencionar los errores del pasado una y otra vez. Al final, tu cónyuge llegará a la conclusión de que no te importa la relación y que solo te interesa ganar.

No es bueno mencionar los errores del pasado una y otra vez.

Acusaciones. Cuando el clima de tu hogar se torna hosco, es frecuente juzgar las intenciones del corazón de tu cónyuge y hablar en tercera persona repitiendo "tú" todo el tiempo. Si tienes el hábito de señalar la conducta de tu cónyuge como el problema de la relación, tu pareja no sentirá que tiene la libertad de abrirse contigo. Socavas la relación si actúas como si supieras qué sucede en su interior y haces juicios de valor basados en tus conclusiones, en lugar de escuchar lo que dice tu cónyuge.

Insultos y humillaciones. Tu cónyuge puede activar desencadenantes en tu vida que nadie más sabe que existen. Eso puede ser irritante o perturbador. Dios permite que se activen esos desencadenantes porque desea ayudarte a sanar esas áreas para que no tengas tanto control sobre tu vida. Es fácil decirlo cuando estás tranquilo o relajado, pero es difícil recordarlo en el frenesí de tus emociones. Por lo general, ese es momento de más insultos y humillaciones.

La manera despectiva en que se tratan algunas parejas realmente nos causa estupor. No puedes crear un clima seguro si se insultan o se dicen cosas humillantes. Si te encuentras en esta situación, habla con un consejero, un pastor o un líder espiritual de confianza lo antes posible. Pide ayuda para descubrir por qué eres tan duro con la persona que prometiste amar por el resto de tu vida.

Desatención. La traición máxima es negarte a hablar, negarte a tener sexo, negarte a interactuar en el manejo de las responsabilidades de la vida. Equivale a decir: "Renuncio. No te valoro. No valoro nuestra vida ni nuestro amor. No tengo nada más que hacer aquí". Tal vez tratar a alguien con frialdad te haga sentir que tienes el poder en

Tu cónyuge puede activar desencadenantes en tu vida que nadie más sabe que existen.

la relación, pero lo que en realidad haces es destruir lentamente tu amor. De la misma manera en que podrías deshacer una manta de croché tirando de un hilo, negarte a hablar deshace la relación porque desgasta la confianza al provocar que la otra persona se sienta tan devaluada que se vuelve invisible para ti.

El poder de la humildad

El objetivo de tu refugio es crear un clima de humildad en el diálogo. La humildad es otra fuerza poderosa en las relaciones amorosas. Muchas personas se resisten a la humildad porque no parece demostrar fuerza, sino que los coloca en una posición de vulnerabilidad. Pero sucede justamente lo contrario. Humildad es reconocer que el amor solo puede florecer donde existe la gracia.

Están vivos porque Dios les dio la vida, a pesar de los errores que han cometido a lo largo del camino. Son salvos porque Dios dio a su Hijo para pagar el precio por el castigo que merecían. Tienen oportunidades porque estaban perdidos, y su gracia los transformó en "hechura de Dios, creados en Cristo Jesús para buenas obras, las cuales Dios dispuso de antemano a fin de que las pongamos en práctica" (Ef. 2:10).

Humildad es reconocer que el amor solo puede florecer donde existe la gracia.

La humildad ha producido algunos de los resultados más importantes en la vida.

La humildad engrandece a las personas y las prepara para las batallas de la vida. En Salmos 18:34-36, David examina el secreto de su habilidad como soldado:

> Adiestra mis manos para la batalla,
> y mis brazos para tensar arcos de bronce.
> Tú me cubres con el escudo de tu salvación,
> y con tu diestra me sostienes;
> tu bondad me ha hecho prosperar.
> Me has despejado el camino,
> así que mis tobillos no flaquean.

David se dio cuenta de que la humildad venida de Dios le daba una fortaleza que nunca hubiera podido descubrir por sí mismo.

Finalmente, las personas humildes serán las que manden. "Dichosos los humildes, porque recibirán la tierra como herencia" (Mt. 5:5). Las personas humildes tejen redes fuertes y generan confianza en los demás. Tal vez haya situaciones en las que las personas controladoras llevan la voz cantante, pero al final, los humildes ocuparán los puestos de confianza.

La humildad nos obliga a ser sinceros sobre nosotros mismos. A veces tenemos que cuestionarnos uno a otro, porque todos somos imperfectos. Necesitamos que otros nos enseñen a atravesar ciertas situaciones y nos señalen aspectos que requieren crecimiento. Si te ofreces a evaluar y controlar la conducta de los demás, darás la impresión de ser una persona crítica. Sin embargo, si ofreces tu punto de vista con humildad, cuidarás tu corazón de la tentación y promoverás el crecimiento de los otros. "Hermanos, si alguien es sorprendido en pecado, ustedes que son espirituales deben restaurarlo con una actitud humilde. Pero cuídese cada uno, porque también puede ser tentado" (Gá. 6:1).

La humildad demuestra el respeto por la presencia de Dios. "Que su amabilidad sea evidente a todos. El Señor está cerca" (Fil. 4:5). Si crees que Dios está cerca y tiene el control de la vida, serás amable con los demás porque te darás cuenta de que ellos necesitan la misma gracia que tú. Confiarás que Dios dirigirá tu vida y la vida de otros para cumplir con su voluntad.

La humildad produce sabiduría. "¿Quién es sabio y entendido entre ustedes? Que lo demuestre con su buena conducta, mediante obras hechas con la humildad que le da su sabiduría" (Stg. 3:13). "En cambio, la sabiduría que desciende del cielo es ante todo pura, y además pacífica, bondadosa, dócil, llena de compasión y de buenos frutos, imparcial y sincera" (v. 17). La sabiduría que Dios da se caracteriza por la humildad. Esa sabiduría soporta los retos de la vida y promueve relaciones excelentes.

La humildad te faculta para defender tus ideas. "Más bien, honren en su corazón a Cristo como Señor. Estén siempre preparados para responder a todo el que les pida razón de la esperanza que hay en ustedes. Pero háganlo con gentileza y respeto…" (1 P. 3:15-16). La humildad te coloca en un terreno firme para que estés más seguro de quién eres y en qué crees. Cuando hablas de lo que es importante para ti, te muestras seguro y

> La sabiduría que Dios da se caracteriza por la humildad.

estable, porque no necesitas que otros estén de acuerdo contigo para convencerte de que lo que crees es verdadero. En el matrimonio, eso te transforma en una persona que da en lugar de recibir. Puedes hablar de tus opiniones, alentar a tu cónyuge y aceptar imperfecciones porque no necesitas que tu pareja sea exactamente igual a ti.

El temor de perder el control

El reto de la comunicación en el matrimonio depende de cuánto te abres con tu cónyuge. La intimidad abre un túnel en tu corazón que le permite a tu pareja tener una gran influencia sobre tus emociones, tu seguridad y tu capacidad para confiar. Si hay una fuerte red de seguridad, la confianza es alta, y el terreno es propicio para abrirse uno a otro. Si la red de seguridad es débil, no habrá mucha confianza, y los miembros de la pareja se pondrán a la defensiva.

Ese es un temor frecuente para los seres humanos, porque somos egocéntricos por naturaleza. No nos llevó mucho tiempo aprender la palabra "mío". En honor a la verdad, creemos que nuestro punto de vista sobre la vida es el correcto. Por lo tanto, defendemos nuestra perspectiva y tratamos de convencer a los demás de que estarían mejor si estuvieran de acuerdo con nosotros.

Por otra parte, nuestro lado oscuro quiere controlar la conducta de otros para sentirnos mejor con nosotros mismos. Creemos erróneamente que nuestra vida mejorará por la forma en que actúen los demás. Eso crea un interminable círculo de inseguridad. Les decimos a otros lo que tienen que hacer debido a nuestra inseguridad. Ellos hacen lo que les pedimos. Llegamos a la conclusión de que no tienen suficiente fuerza para tomar sus propias decisiones y que dependen de nosotros. Su debilidad significa que realmente no podemos confiar en ellos, lo que nos vuelve más inseguros. Por lo tanto, les pedimos que cambien para que podamos sentirnos más seguros y el círculo empieza otra vez.

El reto de la comunicación en el matrimonio depende de cuánto te abres con tu cónyuge.

¿Activo o pasivo?

Tal vez hayas elegido habilidades pasivas para tener el control de tu entorno. Asumes compromisos verbales que nunca cumples. Pospones tus discusiones hasta que es demasiado tarde para hacer algo sobre el tema en cuestión. Asumes compromisos de poco riesgo que te permiten desempeñarte muy por debajo de tu potencial. Tomas posiciones de liderazgo, pero demoras cada decisión con largas conversaciones y un análisis demasiado exhaustivo. Dices que te harás cargo de determinadas responsabilidades, pero después nunca encuentras tiempo para cumplirlas. No le dices que no a tu cónyuge ni delegas en otros, simplemente no haces nada.

La conducta pasivo-agresiva puede ser una característica exasperante:

> Un marido y su esposa tienen una discusión trivial, ninguno de los dos quiere reconocer que tal vez esté equivocado.
>
> —Reconoceré que estoy equivocada —la esposa le dijo a su esposo en un intento de conciliación— si tú también reconoces que tengo razón.
>
> Como un caballero, estuvo de acuerdo e insistió que ella hablara primero.
>
> —Estoy equivocada —dijo ella.
>
> Con un brillo en los ojos, él respondió:
>
> —Tienes razón.

Tal vez tienes características agresivas que te ayudan a tener el control. Discutes con todos los que no están de acuerdo contigo. Les pones exigencias a tu cónyuge y a tus hijos por la mañana y las mantienes durante todo el día de manera que nadie más interfiera con tus planes. Discutes con tus seres queridos cuando procuran un mayor acercamiento. Siempre te niegas a decir "lo siento" y tienes una explicación para todo lo que haces, que está centrada en tus intenciones y no en tu conducta. Al mismo tiempo, criticas el comportamiento de otras personas y rechazas el valor de sus intenciones.

Como resultado, nunca nadie puede acercarse lo suficiente a ti para cambiar tus planes y nadie puede acercarse lo suficiente a ti para hacerte sentir mejor contigo mismo. Te sientes a salvo, pero te sientes solo.

Sentimientos adormecidos

Este ha sido un verdadero problema para nosotros dos. Como yo (Bill) mencioné anteriormente, mi madre es una mujer muy creativa con una fuerte personalidad. Sin embargo, ella le tenía miedo a algunas cosas de la vida porque vivió algunas experiencias traumáticas durante su adolescencia. Su respuesta fue utilizar su fortaleza para controlar todos los aspectos de su vida, incluso a su esposo e hijos. Ahora sé que solo deseaba sentirse a salvo, pero no podía entender eso en mi adolescencia.

Mi primera reacción fue volverme insensible. Había visto a mis hermanos mayores discutir con ella, pero había llegado a la conclusión de que perdían en cada interacción, por eso opté por otro camino. Reprimí muchas de mis emociones para que no me lastimaran. Podían gritarme, y yo no sentía nada. Podían criticarme, y no sentía nada. Podían cuestionarme, y no sentía nada. Eso me dio resultado hasta que a los dieciséis años conocí a Jesús como mi Salvador.

Él no se conformaba con mi adormecimiento. Cuanto más crecía mi relación personal con Jesús, más despertaba mi vida emocional. Comencé a descubrir sentimientos en mi corazón, lo que me encantó, a pesar de que me hizo sentir incómodo. Me empecé a interesar por las personas de una forma que no imaginaba que existía. Había aprendido a no confiar en la gente, por eso me mantenía distante. Había tenido muy pocos momentos memorables con amigos, porque lo único que hacía, además de ir a la escuela, era estar con mis familiares más cercanos. De pronto, me encontraba con otras personas que conocían a Jesús y surgía una amistad profunda sin mucho esfuerzo.

Al mismo tiempo, me empezaron a irritar algunas cosas de mi vida. Antes nunca me sentía molesto con mis padres, porque estaba adormecido. Realmente no me importaba lo que hacían, porque podía meterme en mi caparazón y mantenerme ocupado. No me peleaba con los compañeros de mi escuela, porque no sentía nada. No tenía amistades significativas, por eso no tenía ningún desacuerdo importante. Ahora ingresaba a un mundo de conflictos. Me irritaba la conducta controladora de mi madre y la negativa de mi padre de intervenir. Durante la escuela secundaria, me relacioné con un par de conocidos muy peleadores. Practicaba deportes con esos jóvenes, así que no podía evitarlos. No quería retroceder, pero tampoco sabía qué hacer porque no tenía experiencia en el manejo de conflictos. Por consiguiente, absorbía las críticas sin decir nada y estaba más decidido a ganar la pelea.

Fue abrumador pasar de sentir unas pocas emociones a interactuar con las sensaciones de la vida. Aunque era joven, reemplacé mi adormecimiento por una incómoda corriente de irritabilidad. Estaba aprendiendo a avanzar pese a la conducta controladora de mi madre, pero no deseaba tener otros vínculos con personas controladoras. Mis sentimientos adormecidos fácilmente se transformaron en habilidades pasivas para mantener mi sensación de control. Asumía compromisos que requerían mucho menos de lo que yo podía dar. Llevaba un horario controlado, aunque era capaz de llevar un ritmo más sostenido. Evitaba situaciones en las que no podía ser el líder. Imaginaba que si yo estaba al frente, tendría el control.

Conocer a Pam me convenció de que me estaba perdiendo muchas cosas de la vida al pensar que tenía que controlar todo. Ella tenía talento en áreas que yo solo podía soñar. Tenía más coraje que yo y estaba dispuesta a asumir compromisos enormes que le ayudaran a impulsar el crecimiento en su vida. Eso me pareció muy atractivo, y creí que me podía beneficiar mucho al aprender de ella cómo hacerlo.

A veces todavía Pam me pone nervioso, porque asume compromisos que me hacen sentir que pierdo el control. Tiene una gran trayectoria de éxito con los compromisos, y por eso aprendí a confiar en la manera en que Dios se mueve en su vida a pesar de cómo pueda sentirme yo cuando me entero de las obligaciones que nos esperan.

El Salvador

Cuando yo (Pam) era una niña, mi experiencia fue todo lo contrario a la de Bill. Su madre trataba de controlar todo, mientras que mi padre no tenía control de nada. Sus ataques de furia provocados por el alcohol dominaban nuestra vida social (la familia y los amigos se escabullían cuando él se ponía colérico), y nuestra seguridad dependía literalmente de sus estados de ánimo. (Empujábamos los muebles contra la puerta para que no entrara a nuestra habitación).

Mi papel en nuestra familia era ser la que "frenaba" a mi padre y le decía que su comportamiento era inapropiado. O llevaba a mis hermanos menores a la casa de mi abuela o de un amigo para que papá no pudiera llegar hasta nosotros.

Cuando sientes que pierdes el control de tu vida, se activa el impulso instintivo de supervivencia, y a menudo, eso no resulta agradable. Si no me siento a salvo, puedo adoptar el personaje de "sargento de batalla", porque tengo la necesidad de luchar por mis derechos, mis planes, mi manera de hacer las cosas para volver a estar en un clima seguro.

Dichosamente, Bill es un buen hombre, y por eso este lado desagradable de Pam, la General Patton Pam, rara vez aparece. Pero no es solo la bondad de Bill la que ayuda a domar la bestia salvaje que está dentro de mí; el Espíritu apacible de Dios me ha enseñado a creer en versículos como: "...el que quiera hacerse grande entre ustedes deberá ser su servidor, y el que quiera ser el primero deberá ser esclavo de todos" (Mr. 10:43-44).

La opción de responder como una sierva diluye la tensión porque mi confianza no solo está depositada en la bondad de Bill, sino también en la de Dios. Cuando busco parecerme más a Jesús, el Cordero de Dios que sacrificó su propia vida por amor, adquiero la capacidad de servir en lugar de luchar. Puedo confiar que el generoso plan de Dios es mucho mejor que mis operaciones militares.

ABRE EL CANDADO DE TU AMOR

Cena y diálogo para una comunicación de corazón a corazón

Practica tus expresiones

Hay varias maneras posibles de crear un clima seguro y favorable para la relación amorosa:

1. Practica un lenguaje corporal que transmita el mensaje: "Puedes hablar conmigo libremente". Puedes practicarlo por tu cuenta o practicarlo en pareja. La clave es tener sesiones de práctica donde no te evalúes de manera demasiado rigurosa. Solo practica. Como con cualquier otra habilidad, al principio te parecerá muy incómodo, pero cuanto más practiques, más natural se volverá. Practica expresar las siguientes emociones sin usar palabras:
   - Felicidad
   - Gozo
   - Entusiasmo
   - Afecto

- Conformidad
- Determinación
- Frustración
- Disgusto
- Confusión
- Desacuerdo
- Desilusión

Una forma divertida de practicar estas expresiones sin sentirte amenazado es jugar a "dígalo con mímica". Cada uno de ustedes puede elegir la mitad de la lista y turnarse para actuar esas emociones.

2. Practica elegir tu tono de voz. Al igual que el lenguaje corporal, puedes practicar por tu cuenta o en pareja. La clave es entrenar tus oídos a escuchar tu propio tono de voz. Si practicas por tu cuenta, tal vez quieras grabarte diciendo frases que le dirías a tu cónyuge. Cuando escuches el audio, tendrás una nueva perspectiva de cómo suenas para tu pareja. Utiliza la misma lista de arriba y observa si puedes expresar esas emociones con tu tono de voz. Usa la misma oración: "La vida es un gran viaje". Repítela para cada emoción y observa si puedes transmitirla con el tono de tu voz.
3. Reserva un tiempo en la semana para hablar con tu cónyuge. Es útil elegir de antemano los temas de conversación para evitar hablar sobre responsabilidades, cuentas y retos. Es más fácil relacionarse íntimamente si hablan de sus sueños, esperanzas y crecimiento personal, pero esto rara vez ocurre de manera espontánea. Ten en cuenta las siguientes preguntas como punto de partida:
    - ¿Cómo cambiaron los sueños de tu vida en los últimos cinco años?
    - ¿Cuál fue tu aventura preferida en el último año?
    - Si pudieras viajar a cualquier lugar del mundo, ¿a dónde te gustaría ir y por qué?
    - Si describieras tu vida en este preciso momento como un espectáculo deportivo, ¿cuál sería? ¿Por qué?

   - Si describieras tu vida en este preciso momento como una canción, ¿qué título tendría la canción? ¿Por qué?
   - Si pudieras pasar un día entero con cualquier persona del mundo, ¿con quién lo pasarías? ¿Qué te gustaría preguntarle a esa persona?

4. Dale permiso a tu cónyuge para hablar sobre cualquier tema. Decide que solo escucharás y te reservarás la opinión a menos que te la pida.
5. Prepara una introducción que alerte a tu cónyuge de que necesitas un clima seguro para una próxima conversación. Frases como: "Quiero hablar contigo, pero estoy un poco nervioso", "Necesito que seas amable conmigo en este momento", "¿Puedes tomarte un poco de tiempo para conversar?" son maneras muy directas de avisarle a tu cónyuge que tu necesidad de seguridad es alta. Si les resulta difícil expresarlo, tal vez les venga bien asistir a algún encuentro matrimonial un fin de semana para aprender sobre el proceso del diálogo, que incluye primero escribir lo que quieres decir y luego leerle tus cartas a tu pareja.
6. Como pareja, crea una manera divertida de expresar tu necesidad de un espacio seguro. Puedes colocar una caja de vendas adhesivas sobre su escritorio, tener una bandera blanca que puedas ondear o incluso un paraguas que puedas abrir para expresar: "¿Podemos salir de esta tormenta?". Ese símbolo tangible puede ayudarlos cuando tienen una de esas discusiones prolongadas sobre "cosas que se salieron de control" y saben que necesitan encontrar una nueva manera de empezar.

Elige los pasos que crees que producirán la mayor seguridad. Relacionarte con tu cónyuge es un asunto complicado. Pocas experiencias en la vida son más gratificantes que los momentos en que pueden conectarse espiritual, emocional y físicamente. Si no lo han experimentado juntos, sentirás un deseo acuciante en tu corazón de tener esa experiencia. Una vez que han

Una vez que han probado los beneficios de una verdadera conexión, desearán tenerla el resto de su vida.

probado los beneficios de una verdadera conexión, desearán tenerla el resto de su vida.

Edifiquen su relación en un clima seguro que maximice el crecimiento y fomente un verdadero compañerismo en el matrimonio. La relación de ustedes puede ser su refugio en la tierra.

10

El acceso a tu lenguaje secreto

"El fruto del Espíritu es... dominio propio".

Hace poco, yo (Bill) me compré una computadora portátil nueva. Estaba buscando una que tuviera bastante potencia y fuera fácil de transportar. Por lo tanto, quería una que tuviera una caja pequeña y una pantalla grande. Pasé horas recorriendo varias tiendas para comparar entre diversos modelos, hasta que encontré una que pensé que supliría todas mis necesidades. ¡Esta incluso tenía una pantalla giratoria de 360 grados! Pensé: *Qué época genial es esta en la que vivo. Esta computadora es una pieza tecnológica magnífica. Es rápida, muy divertida ¡y además espléndida!*

No me di cuenta, hasta que llegué a casa, de que tenía un pequeño sensor de metal a un lado de la pantalla y, como todo hombre, decidí tocarlo antes de leer el manual de información. Un interesante mensaje apareció en la pantalla: "Acceso denegado. Sus huellas digitales no están programadas en el sistema. ¿Desearía ingresar su información al sistema?".

Estaba más que entusiasmado. ¡Tenía un sistema de identificación de huellas digitales de alta tecnología contra el delito! Desde luego, impacientemente hice clic sobre el botón que indicaba "sí" e ingresé al proceso. Tenía que seguir una serie de pasos de seguridad para validar mi identidad. Primero debía confirmar que la versión del sistema operativo de mi computadora era auténtica. Luego tenía que ingresar mi nombre de usuario y contraseña para confirmar que realmente era yo quien estaba configurando mis huellas digitales. Después tenía que volver a ingresar mi contraseña para confirmar que podía escribir la misma palabra dos veces seguidas. Luego tenía que deslizar mis dedos sobre el sensor. Al parecer, esa lectura digitalizada es igual que escribir la contraseña, porque tuve que repetir la acción. Después de completar esa parte, tuve que deslizar otro dedo dos veces para finalizar el proceso.

Cuando terminé me sentí muy importante. Ahora tenía una computadora portátil nueva con dos maneras distintas de acceder a toda la información de vital importancia para mí. Podía escribir mi nombre de usuario y contraseña, o podía deslizar mi dedo sobre el sensor.

La primera vez que usé el sensor de huellas digitales, no pude dejar de pensar en la cantidad de maneras que se restringe el acceso a las personas hoy día. Además del nombre de usuario, contraseñas y sistemas de huellas digitales, tenemos números de cuenta y números de identificación personal. En contextos profesionales sofisticados, incluso se usa un escáner de retina y sensores de voz para confirmar la identidad de la persona. En conclusión, no puedes obtener acceso a menos que tengas el código de acceso que te permita acceder a la fuente de información.

Así como la información que consideramos importante está a disposición de todos los que tienen el código de acceso, un matrimonio seguro y exitoso está a disposición de cualquiera que practica los ocho principios tratados en este libro.

- El misterio del amor
- El afecto
- La recreación
- Cómo resolver los conflictos
- La intimidad
- Se activan las alarmas
- Metas de oro
- Expresa tus sentimientos

Como puedes ver, las ocho estrategias para un matrimonio mejor —aquel que está "sobre la línea" del *éxito* y la *seguridad*— parecen simples. Y pueden serlo, ¡si quieres usarlas! Así como una CLAVE te dará acceso a la cuenta bancaria de tu cónyuge o una contraseña te dará la capacidad de leer la computadora de tu pareja, el deseo te dará la capacidad de colocar tu relación por encima de la línea.

En todos nuestros años de enseñanza, capacitación y consejería, la estrategia que consideramos más imprescindible es el deseo de querer un matrimonio que camine "sobre la línea". Nadie puede producir en ti el deseo de tener un matrimonio mejor; esa es una elección que solo tú puedes hacer. Pero no conocemos una forma más fácil de obtener este deseo. Pídeselo a Dios. Él creó el matrimonio, por lo tanto, tiene el código de acceso para llegar al corazón de cada uno de ustedes.

Si no tienes el deseo, puedes hacer una oración sincera que diga más o menos así: "Dios, dame el 'querer' tener un matrimonio mejor. Ayúdame a tener el anhelo de desear a mi cónyuge". Comienza en la condición en la que estés.

Tu meta a largo plazo es desarrollar un nivel estratégico que te permita crecer en las áreas más importantes del matrimonio e invertir en una relación saludable y llena de vitalidad. La misión será extenuante porque tu corazón tiene la tendencia a distraer, engañar y destruir tu vida y la vida de aquellos que amas.

La mejor manera que conocemos de cumplir esta misión es buscar una relación personal con Jesucristo. Él murió por ti porque conocía la condición caída de tu corazón. Él sabía que no podías pagar el precio por tus pecados, pero sabía que Él podía pagar un precio eterno que nunca caducara. Entonces se comprometió a enviar al Espíritu Santo al corazón de todos aquellos que confiaran en Él como su Salvador. El Espíritu Santo trae consigo un amor profundo por tu cónyuge y la revelación de los códigos de cada uno de ustedes, que desatará el potencial de tu matrimonio.

El Espíritu Santo trae consigo un amor profundo por tu cónyuge y la revelación de los códigos de cada uno de ustedes, que desatará el potencial de tu matrimonio.

Si todavía no puedes llegar a comprender esto, está bien. Trataremos de explicártelo de otra manera con algunos ejemplos de la vida real para que puedas ver cómo funciona.

En resumen, el Espíritu Santo es el Espíritu de Dios. Cuando tomas la decisión de iniciar una relación con Dios, Él envía a su Espíritu a vivir en tu alma para que allí pueda susurrarte ideas nuevas, maneras nuevas de hacer las cosas y revelaciones nuevas que enriquecerán tu vida y todas tus relaciones. Puesto que Dios habita en tu corazón y tu mente, ya no estás solo para armar con dificultad el rompecabezas de la vida y de tus relaciones. El Dios que diseñó personalmente a cada uno de ustedes está allí para darles dirección. Es como tener al ingeniero que dibujó los planos para tu automóvil, que no solo te da el manual de funcionamiento, sino que se ofrece voluntariamente a ser tu chófer.

Es tu decisión

Quienquiera haya oficiado la ceremonia de tu boda, probablemente, hizo una declaración similar a la siguiente: "Con la autoridad que Dios me confiere, en este momento los declaro marido y mujer en el nombre del Padre, del Hijo y del Espíritu Santo".

Marido y mujer.

Parecía que iba a ser fácil. Tenían un nuevo estado social, sueños nuevos y suficiente amor para edificar una vida juntos. Pensaron que los nombres de usuario de *marido* y *mujer* serían suficientes para acceder al corazón y el cuerpo de cada uno.

El problema es que dentro de todos nosotros existe una guerra. El apóstol Pablo les habló a sus buenos amigos de la ciudad de Éfeso sobre las batallas que se libraban en sus corazones. En cada uno de nosotros, hay dos naturalezas que están vivitas y coleando. Pablo las llama la vieja naturaleza y la nueva naturaleza. La vieja naturaleza es una naturaleza caída que está corrupta por el pecado y es adicta a los deseos de la carne. La nueva naturaleza está enamorada de Jesús y anhela seguir la dirección del Espíritu Santo. Cada momento de nuestra vida, debemos decidir de qué lado estamos. Puedes elegir el acceso a la parte de tu corazón dominada por la vieja naturaleza y enfrentar las consecuencias, o puedes tener acceso a la parte de tu corazón que está gobernada por el Espíritu Santo y disfrutar de los beneficios. Es tu decisión.

Al considerar la elección sobre cuál naturaleza seguir, analiza la hoja de especificaciones para cada uno de estos puntos de acceso:

LA VIEJA NATURALEZA

(ver Efesios 4 para más información)

Sistema operativo (el primer programa de control de tu vida): Tú mismo.

Procesador: Pensamientos frívolos que oscurecen el entendimiento (vv. 17-18).

Imagen: Mentira (v. 25) y perder la vergüenza (v. 19).

Memoria: No se sacia, sino que sigue codiciando (v. 19).

Tarjeta gráfica: Entregado a la inmoralidad y toda clase de actos indecentes (v. 19).

Sistema de redes: Alejado de la vida de Dios (v. 18).

Disco duro: Corrompido por los deseos engañosos (v. 22).

Software de seguridad: Dominado por la ignorancia (v. 18).

Software de productividad: Robo (v. 18), calumnias y toda forma de malicia (v. 31).

Puerto de entrada/salida: Amargura, ira y enojo (v. 31).

Altavoces: Conversación obscena (v. 29).

Garantía básica: Vacío (parte de la vida que antes llevaban) (v. 22).

LA NUEVA NATURALEZA

(Ver Efesios 4 para más información)

Sistema operativo (el primer programa de control de tu vida): Cristo.

Procesador: La verdad que está en Jesús (v. 21).

Imagen: La verdadera justicia (v. 24).

Memoria: El Espíritu Santo de Dios (v. 30).

Tarjeta gráfica: La santidad (v. 24).

Sistema de redes: Miembros de un cuerpo (v. 25).

Disco duro: Una nueva actitud de la mente (v. 23).

Software de seguridad: Escuchar y recibir la enseñanza de la verdad (v. 21).

Software de productividad: Trabajar honradamente con las propias manos (v. 28).

Puerto de entrada/salida: Bondad, compasión y disposición para perdonar (v. 32).

Altavoces: Hablar con la verdad; ser de bendición para quienes escuchan (vv. 25, 29).

Garantía básica: Sellado con el Espíritu Santo para el día de redención (v. 30).

La actualización fundamental

No es difícil notar que la nueva naturaleza es muy superior a la antigua, pero sabes que no es tan simple como identificar intelectualmente cuál es la mejor opción. El Dr. Phil popularizó la frase: "Y ¿cómo te va con eso?", porque muchas parejas tratan de vivir su relación con la vieja naturaleza. Si nunca has conocido a Jesús como tu Salvador personal, solo tienes acceso a la vieja naturaleza. Puede que te hayas esforzado mucho por disciplinarte, pero sigues solo en tus esfuerzos. Es muy probable que hayas trabajado duro para que tu relación funcione, pero aun así no es lo que esperabas que fuera.

Quienes han invitado a Jesús a vivir en su vida y a gobernarla tienen que tomar una decisión. Pueden optar por tener acceso a la vieja naturaleza y vivir conforme a sus deseos. De hecho, es común que los creyentes hagan eso, porque la batalla es intensa y la vieja naturaleza constantemente exige atención. Sin embargo, tienen otra opción. Pueden entrar a su nueva naturaleza y recibir el poder del Espíritu Santo para amar, pensar y decidir. Con este recurso adicional disponible para ellos, están mejor capacitados para entregarse a la búsqueda de una relación más satisfactoria.

Un panel de expertos en investigación sobre matrimonios y familia recopiló la siguiente lista de las diez características más importantes en los matrimonios exitosos que perduran en el tiempo.

1. Un compromiso matrimonial para toda la vida.
2. Lealtad hacia el cónyuge.
3. Fuertes valores morales.
4. Respeto por el cónyuge como un amigo.

5. Un compromiso con la fidelidad sexual.
6. El deseo de ser buenos padres.
7. La fe en Dios y el compromiso espiritual.
8. El deseo de agradar y apoyar al cónyuge.
9. Una buena compañía para el cónyuge.
10. La disposición a perdonar y ser perdonado.[21]

Cada una de estas características las logran los cónyuges abnegados, que tienen un alto grado de dominio propio. Por eso los cónyuges que van juntos a la iglesia, oran juntos regularmente y asisten a grupos hogareños enfocados en el crecimiento personal, por lo general, reportan niveles de satisfacción más altos en su matrimonio y en su vida sexual. Los factores que contribuyen a una relación íntima exitosa se desarrollan en cada individuo por la presencia del Espíritu Santo.

Tal vez nunca tomaste la decisión de creer en Jesús y recibir la vida eterna. Te gustaría tener vida eterna y te gustaría tener una mayor capacidad de amar a tu cónyuge. Todo lo que tienes que hacer para empezar es expresar tu fe en lo que Jesús hizo por ti. Esta es una oración que te sugerimos hacer. Por favor, entiende que las palabras no son mágicas. Es simplemente una forma de iniciar con fe la relación más importante del mundo.

> Jesús, necesito que entres a mi vida. He tratado de lograr las cosas por mí mismo y me doy cuenta de que no alcanza. Para ser sincero, tengo que admitir que solo no puedo lograr nada. Gracias por morir por mis pecados. Te ruego que entres a mi corazón, me des el regalo de la vida eterna y me perdones por las cosas que hice mal. Dame acceso ahora a la nueva naturaleza y comienza a hacer de mí la persona que tú quieres que sea.

Pasos para el crecimiento

Si diste el primer paso en una relación con Jesús, ¡te felicito! Acabas de tomar la decisión más importante de tu vida. Para seguir creciendo en esta nueva relación, te animamos a dar los pasos siguientes:

---

21. Jane R. Rosen-Grandon, Jane E. Myers y John A. Hattie, "The Relationship Between Marital Characteristics, Marital Interaction Processes, and Marital Satisfaction", en *Journal of Counseling and Development*, 1 de enero de 2004.

- Coméntale a alguien de tu confianza lo que acabas de hacer. Dar testimonio de tu decisión la consolidará en tu corazón.
- Comienza a leer la Biblia diariamente. Empieza por el libro de Juan en el Nuevo Testamento. Aparta algunos minutos más o menos a la misma hora cada día para leer algunos versículos, y luego medita en lo que leíste a lo largo del día.
- Memoriza 1 Juan 5:11-13.

  > Y el testimonio es éste: que Dios nos ha dado vida eterna, y esa vida está en su Hijo. El que tiene al Hijo, tiene la vida; el que no tiene al Hijo de Dios, no tiene la vida. Les escribo estas cosas a ustedes que creen en el nombre del Hijo de Dios, para que sepan que tienen vida eterna.

- Comienza a asistir a una iglesia que enseñe exclusivamente la Biblia. Pídeles a tus amigos que te recomienden una de tu zona.
- Si tu cónyuge está de acuerdo, comiencen a orar juntos todos los días. No te preocupes por tu manera de orar. Solo habla con Dios como si fuera tu mejor amigo. Cuéntale qué es importante para ti y pídele que te guíe en tus actividades diarias.

Un nuevo día

Si quieres tener un mejor acceso a la vida que la nueva naturaleza puede darte, trata de leer esta declaración en voz alta todos los días durante los próximos siete días.

> Jesús, gracias porque hiciste posible que decidiera caminar en una vida nueva. Por lo tanto, hoy decido prestar atención a las cosas de arriba y no a las de la tierra. Reconozco que he muerto a mi vieja naturaleza y que mi vida está escondida con Cristo en Dios. Decido considerar todo lo que es propio de mi naturaleza terrenal y morir a la inmoralidad sexual, la impureza, las bajas pasiones, los malos deseos y la avaricia. En cambio decido ponerme la nueva naturaleza, que

> se va renovando en el conocimiento a imagen de su Creador (Col. 3:2-10). Lléname con tu poder para que pueda ser bondadoso y compasivo con mi cónyuge. Dame la gracia de perdonarlo/a así como Dios me perdonó en Cristo (Ef. 4:32). Desarrolla en mí el dominio propio que me permita decirle no a mis temores y decirte sí a ti.

Escucha a tu corazón

Juan y Susana habían estado casados durante ocho años cuando ella empezó a sentir un vacío en su vida. Amaba a su esposo, pero la convivencia con él se hacía difícil. Era obstinado y a menudo se enojaba con ella, especialmente después de haber bebido un par de tragos. Trabajaba duro, pero siempre volvía con una mala actitud al hogar.

Susana no quería divorciarse, pero no pensaba que pudiera tolerar eso para siempre. Para encontrar un poco de paz, respondió a una invitación de una amiga a asistir a la iglesia. Durante el tiempo de alabanza, empezó a llorar, aunque no estaba segura de por qué.

Jesús te ama. Él quiere darte una nueva vida llena de amor y propósito.

Mientras el pastor hablaba, las palabras parecían ir dirigidas directamente a ella. Cuando dijo: "Si tu vida está vacía y te sientes solo, aunque estés rodeado de personas, necesitas saber que Jesús te ama. Él quiere darte una nueva vida llena de amor y propósito", ella se sintió inquieta en su asiento. Ese día salió rápidamente de la iglesia, pero se quedó impresionada por la cordialidad que había observado entre la gente.

Decidió regresar a la semana siguiente y otra vez sintió como si el servicio hubiera estado dirigido directamente a ella. Al final de su predicación, el pastor dijo: "¿Estás cansado de la vida que has edificado con tus propios esfuerzos? Entonces, hoy es tu día. Si quisieras pedirle a Jesús que entre a tu corazón para que sea el Salvador y Señor de tu vida, ven adelante mientras cantamos. Nos gustaría orar por ti y explicarte cómo puedes conocer a Jesús personalmente". Susana sabía que esas palabras eran para ella, así que respondió e invitó a Jesús a vivir en su corazón durante el resto de su vida.

Cuando llegó a su casa, vio a Juan de una manera como nunca lo había visto. No podía explicarse el cambio, pero lo veía como un niño herido que estaba cubriendo su dolor con el enojo, la testarudez, el alcohol y los insultos. La compasión hizo raíz en su corazón, y un amor paciente empezó a inspirar nuevos pensamientos en su mente. Ella siguió asistiendo a la iglesia y se unió a un grupo de estudio bíblico para mujeres. Después de cuatro meses, sintió que tenía que empezar a orar por Juan. Entonces le preguntó: "¿Puedo orar por ti antes que te vayas a dormir?".

Sorprendentemente, él estuvo de acuerdo, y ella empezó la rutina de frotarle la espalda por algunos minutos cada noche y orar por él. "Amado Jesús, gracias por la vida de Juan. Te ruego que le des fuerzas para ir a trabajar mañana. Valoro mucho su esfuerzo en cubrir las necesidades de nuestra familia. Sé que le ha estado doliendo el hombro, por eso te pido que alivies su dolor. También sé que a veces se enoja y que debe tener un dolor interno difícil de soportar. Te ruego que te lleves ese dolor y que le ayudes a buscar los objetivos de la vida que más disfruta. Amén".

Durante ocho meses, Juan no tuvo ninguna respuesta. Cada noche, Susana le preguntaba si podía orar por él. Cada noche Juan decía: "Como quieras". Nunca dijo que le gustaba ni que no le gustaba. Simplemente decía: "Como quieras". Una noche, al parecer Susana se olvidó de orar. Juan estaba en la cama, y Susana en la computadora.

Juan salió de la cama y fue hasta donde ella estaba y le preguntó: "¿Vas a orar por mí antes de ir a dormir?".

Susana se quedó anonadada. Pensaba que a Juan no le importaba si oraba o no, pero ahí se dio cuenta de que Dios estaba haciendo la obra. Con nuevo entusiasmo, ella le siguió frotando la espalda y orando por él cada noche.

Poco después Juan estaba conduciendo su camioneta y cambiando de frecuencia radial, cuando una voz captó su atención. "¿Has estado obstinadamente resistiendo a quien más te ama?". Se quedó pasmado. Eso era exactamente lo que estaba sintiendo. Susana estaba siendo muy buena con él, y él estaba siendo realmente duro con ella. La criticaba y estaba atento a señalarle sus faltas cada vez que podía. Aun así ella oraba por él cada noche. Él se detenía en el bar al regreso del trabajo porque sabía que a ella no le gustaba. Aun así ella oraba por él cada noche. Él blasfemaba contra ella cuando estaba enojado y en ocasiones la insultaba. Aun así ella oraba por él todas las noches.

El predicador de la radio siguió diciendo: "La razón por la que eres intransigente con los demás es que tienes temor. Tienes miedo de perder la libertad de ser tú mismo si amas de verdad. Pero Jesús te creó, y te ama y quiere darte el poder de ser una versión mejorada de 'ti mismo'. Todo lo que tienes que hacer es pedirle a Él que entre a tu vida y permitir que te guíe".

En ese momento, lo comprendió todo. Él había estado tratando de resistir a Susana porque estaba resistiendo a Jesús. Fue entonces cuando supo que lo que realmente quería era a ambos. Estaba cansado de tratar de ser otro y de lastimar a las personas que más amaba. Entonces oró allí mismo en su camioneta.

> Hola, Jesús, soy Juan. Te tenía miedo porque pensé que me quitarías lo que yo amaba. Supongo que no es verdad. Hoy me doy cuenta de que tú me amas y que enviaste a Susana a mi vida para convencerme de eso. ¿Me podrías perdonar por ser tan testarudo y crítico? Por favor, te pido que vengas a mi vida y hagas de mí un mejor hombre. Gracias. Amén.

Aquella noche Juan se fue a la cama y estaba esperando que Susana fuera para orar por él. Cuando ella entró a la habitación, Juan la sorprendió con un pedido diferente: "¿Puedo orar yo por ti esta noche?". Susana no dijo ni una palabra cuando Juan empezó a frotar su espalda mientras oraba suavemente: "Oye, Jesús, esta es una buena mujer. Gracias por usarla para ayudarme a conocerte. Por favor, cuídala mucho y dile que ha hecho realmente un buen trabajo. Amén".

El decodificador del Espíritu

El Espíritu de Dios trabaja en combinación con la Palabra de Dios y tu corazón. A menudo, algo en la Biblia será exactamente lo que necesitas para obtener el código o la contraseña de acceso al corazón de tu cónyuge y caminar sobre la línea.

Hace poco no había mucha armonía entre Bill y yo. Yo estaba frustrada porque Bill no había cumplido con todas las tareas que yo quería que cumpliera de su lista de responsabilidades. En resumidas cuentas, tenía miedo de que me defraudara.

Yo (Bill) estaba frustrado porque me parecía que sus expectativas eran irreales. Y tenía miedo de que nunca pudiera estar a la altura de sus demandas sobre mí.

Hacía unos días que nuestra relación se había enfriado un poco, y yo (Pam) empecé a orar para que Dios me mostrara quién debía cambiar y admitir el problema. Secretamente esperaba que fuera Bill y que me pidiera una sincera disculpa. Entonces yo podría perdonarlo valerosamente ¡y no tendría que modificar la lista de responsabilidades que quería que cumpliera!

A menudo escucho la música de *Walk in the Word* [Camina en el mundo] que bajé a mi iPod. Ese día en el gimnasio, estaba escuchando *New Testament Experience* [La experiencia del Nuevo Testamento] y allí, a través de mis auriculares, recibí una revelación maravillosamente provocadora.

Efesios 4:1-3 penetró drásticamente en mi corazón: "Por eso yo, que estoy preso por la causa del Señor, les ruego que vivan de una manera digna del llamamiento que han recibido, siempre humildes y amables, pacientes, tolerantes unos con otros en amor. Esfuércense por mantener la unidad del Espíritu mediante el vínculo de la paz".

El Espíritu de Dios delicadamente me preguntó: *¿Fuiste humilde con Bill o ya decidiste que es culpa de él?; ¿fuiste amable?; ¿fuiste paciente?; ¿fuiste tolerante con él y la pila de responsabilidades que tiene que cumplir para todos?; ¿cuándo fue la última vez que le dijiste gracias, en vez de vociferar y darle órdenes o pedidos a través de un correo electrónico? Pam, ¿hiciste todos los esfuerzos por bendecir a Bill?; ¿todos los esfuerzos por animarlo?; ¿todos los esfuerzos por disminuir su estrés?; ¿todos los esfuerzos por satisfacer sus necesidades emocionales? Eres una especialista en relaciones, así que sabes más. ¿Realmente estuviste viviendo de una manera digna de tu llamamiento? Pam, haz una pausa en este gimnasio para orar. Pregúntame qué puedes hacer para que Bill sienta mi amor, mi plan, mi esperanza. La manera de lograr lo que esperas en este momento, Pam, es satisfacer las necesidades de Bill en vez de pedirle que él satisfaga las tuyas.*

En general, Bill y yo procuramos tener un trato cordial entre nosotros en el lugar de trabajo y ambos tratamos de animarnos "al máximo". Tenemos un gran respeto por la carga de nuestro pasado que todavía está en proceso de redención y no queremos ponernos más presión de la necesaria. Sin embargo, la presión de la inminencia de una fecha de cierre había tomado el lugar de nuestra interacción positiva.

Dichosamente, yo conocía esa parte de nuestro lenguaje secreto y decidí poner en acción el mensaje que había recibido en mi corazón. Llamé a Bill, lo llevé a su cafetería favorita y le pedí disculpas. Le conté la historia de cómo el Espíritu de Dios me había exhortado y después enumeré todas las características de él que yo valoraba, pero que daba por descontado. Casi instantáneamente nos volvimos a conectar emocionalmente. Y aquella noche tuvimos la conexión física, o monogamia al rojo vivo como nos gusta llamarla, en la intimidad de nuestro dormitorio.

Lleva el decodificador, la Biblia, bajo el brazo. Escucha al ingeniero decodificador, el Espíritu, en tu corazón, y verás, día a día, momento a momento, que tu relación caminará "sobre la línea". ¡Disfruta de la vida por encima de la línea!

ABRE EL CANDADO DE TU AMOR

Cena y diálogo para una comunicación de corazón a corazón

Salgan juntos para hablar de lo que cada uno puede hacer para acercarse más al "Máximo Decodificador", Dios y su Espíritu. Den un paso que les ayude a vivir mejor un amor "sobre la línea". Oren juntos e inviten al Espíritu de Dios a reinar en su amor. Luego den juntos un paso por encima de la línea y oren cada uno.

> *La oración del esposo*: Señor, tú conoces mi deseo de tener éxito. Te ruego que me ayudes a ver el éxito desde tu punto de vista. Dame la capacidad de tener éxito en la vida por medio de tu poder, no por el mío. Más importante aún, ayúdame a tener éxito con mi esposa y dame ideas y sabiduría para ayudarla a sentirse más segura en la vida y el amor.

> *La oración de la esposa*: Señor, tú conoces mi deseo de sentirme segura. Te ruego que me ayudes a verte como mi red de seguridad, mi escudo, mi protector y mi proveedor. Al

descansar y saber que mi seguridad está en ti, ayúdame a sentirme segura del amor de mi esposo. Dame la capacidad de prosperar en la vida por medio de tu poder, no por el mío. Más importante aún, ayúdame a funcionar desde un lugar de seguridad para que pueda ser una mejor compañera de mi esposo y su éxito.

ACERCA DE LOS AUTORES

Bill y Pam Farrell son especialistas en relaciones, que ayudan a las personas a descubrir cómo ser "Sabios en el amor". Ellos son oradores internacionales y autores de más de treinta y cinco libros, entre los que se incluyen el libro de éxito en ventas: *Los hombres son como waffles, las mujeres como espaguetis* (casi trescientos cincuenta mil ejemplares vendidos).

Bill y Pam han estado casados felizmente durante más de treinta años y tienen tres hijos, dos nueras y tres nietos pequeños. Los Farrel vive en San Diego, California.

Visita el sitio web interactivo www.love-wise.com/unlocklove [recurso en inglés] para aprovechar mejor *El lenguaje secreto de las parejas exitosas.*

Allí encontrarás:

- Presentaciones de Bill y Pam, que describen cómo puedes usar tu lenguaje secreto para poder caminar sobre una línea de confianza, fomentar la intimidad en tu relación y tomar decisiones que forjen recuerdos para toda la vida.
- Sugerencias para las salidas y los diálogos, que les ayudarán a divertirse y comunicarse como pareja.
- Preguntas para debatir con otras parejas, con el fin de que puedan obtener sabiduría para su vida juntos.
- Historias de parejas que han experimentado un progreso en su amor.

EDITORIAL
PORTAVOZ

NUESTRA VISIÓN

Maximizar el efecto de recursos cristianos de calidad que transforman vidas.

NUESTRA MISIÓN

Desarrollar y distribuir productos de calidad —con integridad y excelencia—, desde una perspectiva bíblica y confiable, que animen a las personas a conocer y servir a Jesucristo.

NUESTROS VALORES

Nuestros valores se encuentran fundamentados en la Biblia, fuente de toda verdad para hoy y para siempre. Nosotros ponemos en práctica estas verdades bíblicas como fundamento para las decisiones, normas y productos de nuestra compañía.

Valoramos la excelencia y la calidad
Valoramos la integridad y la confianza
Valoramos el mérito y la dignidad de los individuos y las relaciones
Valoramos el servicio
Valoramos la administración de los recursos

Para más información acerca de nuestra editorial y los productos que publicamos visite nuestra página en la red: www.portavoz.com